［新版］

子どもが伸びる ポジティブ通知表 所見文例集

小学校**5**年

知識・技能

思考・判断・
表現

主体的に学習に
取り組む態度

小川 拓 編

学事出版

はじめに

　2020年4月に小学校で改訂学習指導要領が全面実施されてから、3年近くが過ぎました。高学年での「外国語」の導入、「外国語活動」の中学年への前倒し、「主体的・対話的で深い学び」等への対応に追われる一方、2020年初頭から始まったコロナ禍への対応等で、現場の先生方は大変な思いをされてきたことと思います。

　今般の改訂で、子供たちに育むべき力が「知識及び技能」「思考力、判断力、表現力等」「学びに向かう力、人間性等」の「資質・能力の三つの柱」に整理され、「評価」の方法も大きく変わりました。具体的に、これまで4観点だった評価規準が3観点に整理され、指導要録の作成、さらには通知表の作成も、この「資質・能力の三つの柱」に基づいて行われることになりました。この新しい評価をどう進めていけばよいのか、いまだに頭を悩ませている先生方もいることでしょう。その基本的な考え方を本書の「PART 1　解説 現行学習指導要領における学習評価と所見」（P.9～）にまとめましたので、参考になさってください。

　もう一つ、見逃してはいけないのは、通知表の所見欄の記述方法です。通知表に書く所見文は、当然のことながら形成的評価、総括的評価等と整合性が取れていなければなりません。つまり、所見文も新しい評価規準である「知識・技能」「思考・判断・表現」「主体的に学習に取り組む態度」の3観点に準じる形で、書いていく必要があるのです。

　そうした観点から、学年別の模範文例を収録した『子どもが伸びるポジティブ通知表所見文例集』を2020年4月に刊行しましたが、それからの3年間で学校を取り巻く状況は大きく変わりました。「GIGAスクール構想」の推進で1人1台端末が配備され、ICTを活用した授業が多くの教科で展開されるようになりました。また、新型コロナウイルスの拡大防止のため、いまだ多くの学習活動が制限を受けています。

　そうした状況を受け、今回前掲書籍をリニューアルし、『新版 子どもが伸びるポジティブ通知表所見文例集』を刊行することとなりました。前回版から収録文例数も増え、「ICTの活用」や「感染症拡大防止」等の新たな課題にも対応しています。

　前回版と同じく、「PART 2　通知表・指導要録の「総合所見」で使える文例」（P.19～）は、「行動特性」に関する文例と「学習面の特性」に関する文例が収録されています。「行動特性」の文例は、「基本的な生活習慣」「健康・体力の向上」等、指導要録の「行動の記録」の10項目に沿って収録されており、「学習面の特性」の文例は上述した「3観点」に沿って収録されています。つまり、「行動特性」の文例と「学習面の特性」の文例を組み合わせて記述すれば、指導要録にも転用できる、バランスの取れた総合所見文が出来上がります。

　学校現場が大変な状況にある中、本書の活用を通じて各先生が児童と共に過ごす時間が少しでも増え、評価の充実と子どもたちの健やかな成長に寄与することを願っております。

　2023年1月

小川　拓

本書の使い方

 総合所見の作成方法 ||||||||||||||||||||||||||||||||||||||||

通知表の総合所見は、子どもの**行動面の特性**と**学習面の特性**の両方を入れると、バランスの取れた内容になります。そのために、本書は次のような流れでご使用ください。

STEP1 ▶「行動面の特性」に関わる文例を選ぶ

PART2 の「1 ポジティブな行動特性」（P20〜44）または「2 ネガティブな行動特性」（P45〜51）の中から1文を選びます。

1 ポジティブな行動特性（P20〜44）

1 「ポジティブな行動特性」に関わる文例
（1）「基本的な生活習慣」が身に付いている児童の所見文

| 主な行動特性 | 手洗い・うがいを徹底／忘れ物をしない／礼儀正しい／丁寧な言葉遣い／すすんであいさつ／5分前行動／整理整頓ができる／時間を守る／友人や下級生の手本になる／集団生活のルールを守る／授業準備ができる／物を大切にする |

ハンカチやティッシュを忘れることなく準備し、また、給食前の手洗い・うがいや消毒もしっかり行うこと **この文例を選択** 意識した生活習慣が身に付いています。

忘れ物をすることなく登校することができました。学校でも、次の活動を意識して行動していて、指示をしなくても授業に必要なものを自分で考え、用意することができます。

先生の話は前を向いて聞く、提出物を出すときは「お願いします」と言うなど、基本的な礼儀が身に付いています。授業の発言でも「〜です」

2 ネガティブな行動特性（P45〜51）

2 「ネガティブな行動特性」に関わる文例
（1）「基本的な生活習慣」が身に付いていない児童の所見文

あいさつの大切さをよく理解して、小さな声でも必ずあいさつをしていました。今では高学年らしく、低・中学年の手本となるような堂々としたあいさつや話ができるようになってきました。

自らすすんであいさつができるようになってきました。高学年としての自覚の芽生えから、生活を見直そうという意識が高まっています。この意識をさらに高めていけるよう支援していきます。

宿泊学習での5分前行動の徹底がきっかけとなり、余裕をもって行動することの良さに気付きました。時間を意識することでより良い生活ができるようになりました。

学校ではいつも元気に過ごしています。登校時間を守って、しっかりとしたリズムで生活することができるように、今後もご家庭と協力してい

STEP2 ▶「学習面の特性」に 関わる文例を選ぶ

PART2 の「3 学習面の特性」（P52〜96）から1文を選びます。

3 学習面の特性（P52〜96）

3 「学習面の特性」に関わる文例
（1）国語に関わる所見文

◆「知識・技能」に関わる文例

| 特性キーワード | 比喩や反復などの理解／漢文を音読／〜理解／品詞の理解／送りがなの理解／〜 **この文例を選択** |

物語「いつか、大切なところ」では、本文中の語感、言葉の使い方に対する感覚などについて関心をもち、比喩や反復などの表現の工夫を理解することができました。

教材「漢文に親しむ」では、親しみやすい漢文、近代以降の文語調の文章について、その内容の大筋を理解しました。また、漢文のリズムや響きを感じながら音読することもできました。

教材「かなづかいで気をつけること」では、「おおきい」「こおり」などのように、オの音をのばすものでも「う」にならないなどの仮名遣いの決まりや例外に注意して正しく書くことができます。

忘れ物をすることなく登校することができました。学校でも、次の活動を意識して行動していて、指示をしなくても授業に必要なものを自分で考え、用意することができます。

79 文字

＋

物語「いつか、大切なところ」では、本文中の語感、言葉の使い方に対する感覚などについて関心をもち、比喩や反復などの表現の工夫を理解することができました。

75 文字

＝

154 文字

STEP3 ▶所見文の完成

本書に収録された文例は全て 71〜90 字なので、2 文を組み合わせることで 142〜180 字の総合所見が完成します。

「特別の教科 道徳」「総合的な学習の時間」の所見の作成方法

「特別の教科 道徳」「総合的な学習の時間」の所見は、P98〜106 の文例から 1 文を選ぶだけです。

1「特別の教科道徳」の文例

| 特性
キーワード | 責任感のある行動／差別や偏見をしない／決まりを守る／命の重さを認識／誠実な行動／自分と異なる意見や立場の尊重／働くことの意義を理解／自然の偉大さと脅威を理解／伝統や文化を尊重／国際貢献を意識／生命のつながりを理解 |

「今度こそ！」の学習では、「委員会の仕事で任されたことは、しっかりとやりたい」と発言し、責任をもって行動することの大切さについて考えることができました。

「なやみ相談」の学習では、「悪口を言う人に対しては、嫌という思いを直接伝えた方が仲良くなることができる」と記述し、差別や偏見をもたれたときの解決策を考えることができました。

「ルールを守る」の学習では、「規則正しく生活すると、自分も周りの人も気持ち良く過ごせる」と記述し、規則正しく生活することの大切さ

「ある朝のできごと」の学習では、「早寝・早起きが大切であることが分かった。自分も早寝、早起きをしたい」と記述し、規則正しく生活することの大切さについて考えることができました。

「ロレンゾの友達」の学習では、友達と互いに信じ合うことの素晴らしさについて、意見交流を通して、自分とは違った視点の考え方に気付き、自分の考えを深めることができました。

「ロレンゾの友達」の学習では、「みんな、ロレンゾを助けたいという思い友達と互いに信じ合うことについて、自分

▼ **この文例を選択**

「命の詩―電池が切れるまで―」の学習では、「命は一つしかないので、大切にしていきたい」と発言し、命の重さや生きることの尊さについて、自分の考えをまとめることができました。

「森の絵」の学習では、「一人一人が責任をもって役割を果たすことが大切」と記述し、集団の中で自分の役割を果たしていくことについて考え

 本書の特長 ||||||||||||||||||||||||||||||||||

特長① 各カテゴリーの冒頭に**特性キーワード**を掲載しているので、これを手掛かりに文例を探せます。

1「ポジティブな行動特性」に関わる文例
（1）「基本的な生活習慣」が身に付いている児童の所見文

| 主な
行動特性 | 手洗い・うがいを徹底／忘れ物をしない／礼儀正しい／丁寧な言葉遣い／すすんであいさつ／５分前行動／整理整頓ができる／時間を守る／友人や下級生の手本になる／集団生活のルールを守る／授業準備ができる／物を大切にする |

ハンカチやティッシュを忘れることなく準〔洗い・うがいや消毒もしっかりと行うこと〕意識した生活習慣が身に付いています。

→ 特性キーワード

忘れ物をすることなく登校することができました。学校でも、次の活動を意識して行動していて、指示をしなくても授業に必要なものを自分で考え、用意することができます。

先生の話は前を向いて聞く、提出物を出すときは「お願いします」と言

特長③ 学年別の文例集のため、**各学年の教材・単元名**などが文例に盛り込まれています。（教科書が異なる場合等は、教材名を置き換えてご使用ください。）

５年生の教材名
（教科書が異なる場合は置き換え）

物語「いつか、大切なところ」では、本文中の語感、言葉の使い方に対する感覚などについて関心をもち、比喩や反復などの表現の工夫を理解することができました。

特長② 網掛けの文例は、ネガティブな**特性について書かれた文例**です。文章自体は、ポジティブな視点から前向きに書かれています。

電磁石の学習では、実験結果をもとに、コイルの巻き数や電流の強さによって磁力を強めることができることを結論付けることができました。学んだことを通して一番強い電磁石を完成させることができました。

振り子の学習では、振り子の周期を変えている原因を調べるため、振り子の「長さ」「重さ」、適切に条件をそろえ

→ ネガティブ特性に基づく文例

花粉の観察に、真剣に取り組んでいました。タブレット端末の実験結果の写真や友達の発表カードをもとに受粉と結実の仕組みについて再度確認することで、さらに定着が図れると考えます。

植物の発芽を調べる学習では、思わぬ実験結果に毎回目を輝かせていました。一つの条件だけを変え、他は同じ条件にして実験を行う意味をもう一度確認しておきましょう。

特長④ 本書には**索引（P107〜）**が付いています。児童の活動内容（あいさつ、着替えなど）活動場面（朝の会、休み時間、遠足など）、学習内容（たし算、マット運動、鉄棒など）から検索できるので、児童について思い出せる場面をもとに、文例を探すことができます。

目 次

PART 1 解説　現行学習指導要領における学習評価と所見

PART 2 通知表・指導要録の「総合所見」で使える文例

1 「ポジティブな行動特性」に関わる文例

2 「ネガティブな行動特性」に関わる文例

3 「学習面の特性」に関わる文例

PART 3 「特別の教科 道徳」「総合的な学習の時間」の所見で使える文例

PART 1

解説
現行学習指導要領
における
学習評価と所見

●

　この PART では、2020 年 4 月から全面実施された現行学習指導要領における学習評価と所見について、基本的な事柄を解説していきます。

CONTENTS

現行学習指導要領における学習評価

小川 拓（共栄大学准教授）

1 学習評価の前に

　適切な評価をするためには、子供たちをよく見ておかなければいけません。テストの結果だけで成績を付けることができるのは、一部分です。適切な評価ができる教師は、良い授業も行っているはずです。単元目標などをしっかりと見据え、児童の実態に合わせた適切な計画・指導が行われていなければ、どこで評価するかも分からず、適切な評価ができるわけがありません。良い教師は、日々の形成的評価の中で児童の実態を把握し、様々な手段を使い「個別最適な学び」を創出していきます。形成的な評価の積み重ねがあってこそ、総括的な評価が生まれ、通知表や指導要録の文言につながっていくのです。

　通知表や指導要録の文言は、最終的な成績に対する文言でなくても構いません。子供たちの努力や経過、取組を書くこともできます。その際には形成的な評価と個別最適な学びを提供する教師の知識や分析力、指導技術が重要となってきます。

　子供たちを「よく見る」とは、適切に子供を褒められるということにつながります。「褒める教師」は、適切な評価ができると言っても過言ではありません。子供たちの悪いところは黙っていても目につきます。しかし良いところは、褒めてあげようという姿勢がなければ見つけることができません。そのため、いつ何時も子供たちを褒めてあ

げようという気持ちを持つことが大事なのです。イメージとしては、子供を褒めるスイッチを「ON」にしたまま子供たちと接するのです。その都度、「ON」にするのではありません。四六時中、「ON」にしたままにするのです。そのような姿勢が「子供たちを見る視点」を高めていきます。

2 現行学習指導要領における学習評価

　現行学習指導要領（2017年告示）において、各教科等の目標や内容は、教育課程全体を通して育成を目指す「資質・能力の三つの柱」に基づいて再整理されています。

ア 「何を理解しているか、何ができるか」（知識及び技能）

イ 「理解していること・できることをどう使うか」（思考力、判断力、表現力等）

ウ 「どのように社会・世界と関わり、よりよい人生を送るか」（学びに向かう力、人間性等）

　学習評価もこの「資質・能力の三つの柱」に準じて行われていることはご理解いただいているところだと思います。

　このうち「学びに向かう力、人間性等」については、「①『主体的に学習に取り組む態度』として観点別評価（学習状況を分析

的に捉える）を通じて見取ることができる部分と、②観点別評価や評定にはなじまず、こうした評価では示しきれないことから個人内評価（個人のよい点や可能性、進歩の状況について評価する）を通じて見取る部分があることに留意する必要がある」（中央教育審議会答申2016年12月）とのことから、観点別学習状況の評価（評定）については、以下の3観点で行われます。

①知識・技能
②思考・判断・表現
③主体的に学習に取り組む態度

　通知表の所見欄についても、学習面の記載はこれら3観点から見て、「優れている部分」や「課題のある部分」を記述していくことによって、評定との連動性が図られることになります。

　また、基本的な方向性も示されています。
①児童生徒の学習改善につながるものにしていくこと。
②教師の指導改善につながるものにしていくこと。
③これまで慣行として行われてきたことでも、必要性・妥当性が認められないものは見直していくこと。

　上記も踏まえながら幅広く、教育効果を高めるようにしながら学習評価に取り組んでいく必要があります。

　難しそうに聞こえますが、子供たちのために資質・能力を高めていくことを第一に考えながら教育活動を行っていれば、普通のことかもしれません。

3 評価規準と評価基準を明確化し、公正な評価を

　人が人を評価するというのは非常に難し

いことです。自分の感覚だけで評価を行うと「いいかげん」な評価になってしまったり、「学習内容（活動）」の評価から大きくかけ離れた評価になってしまったりします。

　そのために、「評価規準」と「評価基準」を設定する必要があります。どちらも「きじゅん」と読むために二つを混同してしまう先生も多いようです。簡単に説明すると、

「評価規準」➡手本
「評価基準」➡ものさし

となります。

　「評価規準」は手本ですから、この単元（授業）でこのような児童に育ってもらいたいという姿になります。「単元目標」や「本時の目標」と表現は異なりますが、非常に近いものになります。

　「評価基準」は、評価をする際の「ものさし」ですので、「Ａ：たいへんよい」「Ｂ：よい」「Ｃ：もう少し」のような形で設定されます（通知表）。文章で表現され、観点の内容によっては、点数で表現されることもあります（指導要録と通知表では文言は異なりますが、考え方は同じです）。

　「Ｂ」を基準にして、それ以上を「Ａ」それ以下を「Ｃ」とするような考え方もあります。また、「Ａ」と「Ｃ」を明確に示し、「Ｃ」と「Ａ」の間を「Ｂ」とするような場合もあります。

　実際に評価を行っていく際には、そうして設定された「評価基準」を参考にします。評価基準の文言は、文章で書かれていることが多く、そのため、評価「Ａ」と「Ｂ」の境界が、判定しづらいケースもあります。同じような実態の児童であっても、ある先生は「Ａ」、自分は「Ｂ」と評価が分かれてしまうこともあります。そうした状況が起

きると、児童ばかりでなく、保護者の信頼も失いかねません。

そうならないためにも、学校で評価について共通理解を図っておく必要があります。中でも一番大切なのは、学年（または、低中高のブロック）間の共通理解です。補助簿やメモ等を見ながら評価基準に照らし合わせ、学年で話し合い、細かい基準を明確にしていく必要があります。児童のノートやワークシート、作品などを見せ合いながら行うのも有効です。そうした話し合いを通じ、教師間、学級間の評価に対する考え方の差が埋まっていきます。また、若手教員が評価のやり方や考え方を先輩教員に学ぶ場にもなります。児童の作品等を見せ合えば、指導法にも話が及ぶことでしょう。若手にとっては、中堅・ベテランの指導法やちょっとした配慮、裏技的なテクニックやエッセンスを学ぶ良い機会にもなります。

（1）「知識・技能」の面から、所見をどう書くか

「知識・技能」の所見については、ペーパーテストや小テストの累積の結果を文章で書くこともできますが、児童の観察や実験の様子、文章で表した内容等も踏まえて記述していくとよいでしょう。

その際、個別の指導計画やスモールステップの指導等、「個別最適な学び」に向けた指導がポイントになります。通知表の評価は「Ｃ」であったとしても、必ず成長している部分があります。「できなかったものができるようになった」「〇〇ができるまで、あと一歩まで到達した」など、通知表の「〇」印だけでは、読み取ることのできない部分を所見に記すと、児童にも保護者

にも喜ばれる通知表となります。

（2）「思考・判断・表現」の面から、所見をどう書くか

「思考・判断・表現」では、授業内で単に話し合いの場を設けて、その様子を評価すればよいということではありません。文章、図やイラスト、ペアトーク、グループ活動、プレゼンテーション、作品の制作、その他の表現等を総合的に評価していくことになります。その際、観点別評価の評価基準に照らし合わせた上で、評価した部分を所見に記したり、特徴のある児童の様子を記述したりすることもできます。

通知表や指導要録の成績は「絶対評価」ですので、個人内評価の部分を通知表の所見で伝えることができます。また、授業を行う上で、児童が自ら「話し合いたい」「発表したい」「できるようになるための方法を考えたい」等の気持ちが起きるような授業づくりをしていくことも大切です。

（3）「主体的に学習に取り組む態度」の面から、所見をどう書くか

「主体的に学習に取り組む態度」の評価する姿や力については、「挙手の回数」「ノートの文字のきれいさ」「忘れ物」等、その児童の性格的な面やそのときの一時的な行動の様子を評価するものではありません。

「態度」という言葉から、「話を聞く姿勢（態度）が悪い」「私語が多い」等、態度が悪いから評価を「Ｃ」にするような評価は、適切ではありません。

「主体的に学習に取り組む態度」の「態度」とは、行われている授業の「目標」に向かっていく態度であり、自らが目標を持

ち、課題に向かって粘り強く取り組んだり、積極的に係わり、自己の学習を振り返ったりしながら学習を進める「態度」を評価するということになります。

そのように考えると、「主体的に学習に取り組む態度」は、「知識・技能」「思考・判断・表現」の2つの評価の観点にも、深く影響することになります。「ノートを丁寧にとっている」「話を聞く態度がよくなった」等は、行動面の所見でも十分に伝えることができます。

4 通知表の作成における留意点

評価を行う際に児童の様子を見取っていくわけですが、全ての観点を毎時間行うというのも現実的ではありません。また、学期の最後にまとめて評価するというのもよろしくありません。ある程度まとまった指導の後に学習評価を行い、補助簿（学級の名表）に評価を記入していきましょう。

授業内で児童の様子を評価しなければいけない場合には、付箋を使うのも有効です。名表で名前を探して、「○△」や「ＡＢＣ」を記入するより、評価の観点と評価基準を頭に入れ、付箋に児童の名前を書いていった方が時間を短縮できます。

「ＡＢＣ」で評価するのであれば、「Ａ」と「Ｃ」の児童名を記録し、児童が下校後、補助簿に転記していくとよいでしょう。

5 特別の教科道徳（道徳科）の評価について

道徳科の評価について、学習指導要領に「数値などによる評価は行わないものとする」とあるのは、周知のことと思います。また、「学習状況を分析的に捉える観点別

評価を通じて見取ろうとすることは、児童の人格そのものに働きかけ、道徳性を養うことを目標とする道徳科の評価としては妥当ではない（小学校学習指導要領解説 特別の教科道徳編）」にあるように、観点別評価も適切ではないとされています。

とはいえ、道徳科は「評価をしなくてよい」ということではありません。評価においては、「内容項目」ごとに知識を植え付け、それについて評価を行うのではなく、ある一定期間の児童の成長を積極的に見取り、評価していくことが大切です。その際、他者と比べるのではなく、個人内評価として記述していきます。

記述する際に、重視したいポイントは以下の2点となります。
① 一面的な見方から多面的・多角的な見方へと発展させているかどうか。
② 道徳的価値の理解を自分自身との関わりの中で深めているかどうか。

この点に留意しながら進めてください。

【参考・引用資料】
・道徳教育に係る評価等の在り方に関する専門家会議「「特別の教科道徳」の指導方法・評価等について（報告）」（2016年7月）
・中央教育審議会「幼稚園、小学校、中学校、高等学校及び特別支援学校の学習指導要領等の改善及び必要な方策等について（答申）」（2016年12月）
・文部科学省「小学校学習指導要領（平成29年告示）」（2017年3月）
・文部科学省「小学校学習指導要領解説特別の教科道徳編」（2017年7月）
・中央教育審議会「学習評価の在り方について」（2019年1月）
・文部科学省「小学校、中学校、高等学校及び特別支援学校等における児童生徒の学習評価及び指導要録の改善等について（通知）」（2019年3月）

解説 2

所見を書く上で
気を付けたいポイント

小川 拓（共栄大学准教授）

■ 「教育効果」を意識すること

通知表の文面で、「よく発言するように
なり、頑張っています」等の文面を見るこ
とがあります。褒め言葉を入れて書かれて
いますが、それだけでは教育効果が薄いで
しょう。学校で行われている活動は、全て
「意図的」「計画的」に行われなければなら
ないからです。そう考えると、通知表も教
育効果がもたらされるように作成・記述し
ていく必要があります。学校によっては、
通知表に「あゆみ」「かがやき」等の名前を
付けているところもありますが、それは教
育効果を高めようとしていることの表れと
も言えます。

それでは、通知表に求められる役割とは
何なのでしょうか。第一に挙げられるのは、
学習意欲等のモチベーションの維持・向上
です。その意味でも、通知表を見た児童や
保護者が「次の学期（学年）も頑張ろう」
などと思うような通知表にしていかなけれ
ばいけません。そうした通知表にすること
で、児童や保護者の信頼も高まります。

通知表は、学期を通しての総括的な評価
です。だからこそ、日々の授業や形成的な
評価をしっかりと積み重ね、通知表や指導
要録などの総括的な評価へと、つなげられ
るようにしていくことが大切です。

通知表の所見については、どのように捉
えていけばよいのでしょうか。端的に言え
ば、一人一人の子供たちへの「具体的な褒

め言葉」を記入するということに尽きると
思います。もしかすると、「この児童には
褒める言葉が見当たらない」と悩まれる先
生もいるかもしれませんが、それは他の児
童と比べているからです。

現在の通知表の評定は「絶対評価」です
から、ある基準ラインを超えていれば、全
ての児童がA評価を取ることができます。
そうした評価基準で所見を考えてしまうと、
能力の低い児童は学習面において優れてい
ることがなく、「書くことがない」というこ
とになってしまいます。しかし、所見を書
く上で、絶対評価的な考え方は向いていま
せん。むしろ「個人内評価」的な考え方を
した方が、一人一人の伸びを褒めて認め、
所見として残すことができます。そのため
には児童一人一人の能力を把握し、個に応
じた指導を行い、本人の言動や成長を前向
きに記述していくことが大切です。そうし
た所見が、児童のやる気をさらに伸ばすこ
とになります。

■ 学習評価の基本は「褒める」

小学校の先生方と話をしていると「評価
は難しい」との声をよく聞きます。確かに、
人が人を評価するのは難しいことですが、
大切なのは普段から実施している教育活動
自体が、評価につながっていると考えるこ
とです。

ある内容を学級で指導したとしましょう。

14　　PART 1　解説　現行学習指導要領における学習評価と所見

児童はその内容を身に付けようと、一生懸命取り組みます。よくできる児童について「よくできていますね」と声を掛ければ、それは評価です（評価基準に照らし合わせて）。

一方で、一生懸命取り組んでいてもなかなか成果が出ない児童に対しては、どのような声掛けをしているでしょうか。「ここまでできるようになって、素晴らしいですね」「一生懸命に取り組んでいる様子が立派です」「あと、もう少しですね。ここを工夫するとさらに良くなりますよ」などと声掛けをしていくと思いますが、そうした働き掛け自体も学習評価となり、そのプロセスを通知表の所見として書くこともできます。

これは、形成的評価（一人一人の日々の学力を把握し、次の指導を行うために行われる評価のこと）と呼ばれるもので、単元の評価計画に照らし合わせて行っていきます。児童は、個によって能力が異なります。画一的な一斉指導だけでは一人一人の能力を伸ばすことができません。日々の形成的評価を積み重ねることで、児童はより良く成長していくのです。その様子を記録に残し、児童のより良い側面が表出している部分を選んで、所見に書くことが大切です。褒めるということが、教育評価の一番大切なところなのです。また、褒め言葉とともに、個人の伸びたところを伝えることが、児童や保護者の喜びにつながり、次学期（次学年）への意欲を高めます。

③ ネガティブな側面も、ポジティブな側面から書く

低学年に、たし算の繰り上がりの計算が苦手な児童がいたとしましょう。その際

「○○さんは、たし算の繰り上がりの計算が苦手なようです。家庭でも練習すれば定着するでしょう」と所見に記入しても、児童はやる気が出ません。むしろ、やる気を失ってしまうことでしょう。この記述は、教師自らの指導の責任を家庭に転嫁しているようにも見えます。

では、次のように書けばどうでしょうか。「たし算の繰り上がりでは、何度も何度もブロックを使いながら練習していました。少しずつではありますが確実に定着しています。○○さんの頑張りをご家庭でも応援してあげてください。」

前述の所見に比べ、児童も保護者もやる気が出るのではないでしょうか。児童ができないことや苦手なことでも、前向きに取り組んでいる様子や進歩している様子を記述すれば、それは褒め言葉に変わります。

担任、授業者であれば、児童一人一人の個性や能力を把握しているはずです。「個に応じた指導⇒個別最適な学び」を行っていれば、褒め言葉とともに良い所見文が記述できることでしょう。

④ 教科評価と所見との整合性を取る

通知表の作成には、多くの時間と労力を要します。35人学級であれば35人分のデータをそろえ、観点別評価を行い、所見を記していく必要があります。

所見の書き方として、各教科の評価を意識しながら書いていくケースと、意識しないで書いていくケースとがあると思います。

通知表の所見は個人内評価も加味して書くことが多いですから、どちらも間違いではありません。

注意していただきたいのは、「教科評価と所見との整合性」を取ることです。前述した通り、所見は褒め言葉を入れて書くことが多いのですが、その際は「教科評価と所見との整合性」という点で、保護者に誤解を与えないようにする必要があります。

　例えば、算数の観点別評価で「Ｃ評価」を付けたとしましょう。その上で、通知表の所見に「計算練習をよく頑張っています。ご家庭でも褒めてあげてください」と記述すると、「頑張っているのに、なぜＣ評価なのか」と、不信感を与えてしまいかねません。教科評価が「Ｃ評価」なのであれば、例えば「○○の計算について練習を重ね、定着しつつあります。宿題なども少しずつですが、行えるようになってきました」のように、整合性のある記述が必要です。多くの家庭が通知表を子供の成長の記録として何十年も保管しているわけで、誤解を生まないように留意することが求められます。

5 「行動の記録」の記録の取り方

　人間の記憶というものは、非常に曖昧なものです。見聞きした時点ではしっかりと覚えていても、時間が経てば忘れてしまいます。20分後には42％を忘れ、１時間後には56％を忘れ、１日後には74％を忘れ、１か月後には79％を忘れます。そうしたことを考えても、「記憶」に頼るのではなく、「記録」をしていくことが重要なのです。

　では、どのように記録を取っていけばよいのでしょうか。

　具体的な手法の一つとして、学級のノートを１冊作ってみてはいかがでしょうか。１人につき１ページのノートです。35人学級であれば、35ページのノートとなります。

　ノートの１ページを半分に折り、左側にはその児童の特徴的な出来事を短く記述していきます。「○月○日：けがをした１年生を保健室に連れて行く」「○月○日：掲示物の手伝い」「○月○日：花の水替え」といった具合にです。係活動などとは別に、自主的に行ったことを書いていくとよいでしょう。

　前述したような、学習面での取組や成長も、併せて記録に残していきましょう。また、問題行動等の内容も、日付とともに記録しておきます。

　一方、ページの右側には保護者とのやりとりを記録していきます。そのノートを見ながら面談や電話連絡を行い、記録を残しておくと、後で有効に活用することができます。そうした記録を残しておけば、次の面談や電話連絡を行った際に、「前回、お母さんが心配されていた○○の件、その後いかがでしょうか？」等と話すこともできます。私自身、そうした話をよくしていましたが、多くの保護者が「先生、よく覚えていらっしゃいますね」と、話されていたのを覚えています。

　学期の終わりには、このノートを見ながら通知表の所見を書いていくと、より具体的な内容を記述することができます。

6 評価記号で差をつける

　各教科評価の記号を作り、所見に結び付けるのも有効です。学習後、評価を行う際に「Ａ」「Ｂ」「Ｃ」の記号をつけていくと思います。その際、評価基準に照らし合わせて「Ａ」評価をつけたものの、後で振り返った際に具体的にどこが良くて評価を付けたのかが分からなくなることが少なくありません。そうしたことを防ぐために、記

載方法を工夫しておくことをお勧めします。

　例えば、各教科領域の表現活動として発表をさせることがあるでしょう。「A」評価の児童の場合、何が良かったかを次の図のように「A」の周りに記していくのです。

評価記号の例

図内の「T」は「正しさ」、「K」は「声の大きさ」、「H」は「表現の豊かさ」を表しています。あるいは「S」として発表の「速さ（スピード）」や「テンポ」等を記載することもできます。児童が一人ずつ発表しているときは、授業者も余裕がありますから、名表の「A」の周りに記号を書いていくことができることでしょう。

　こうして記述しておけば、児童は評価基準に照らし合わせて行った学習評価において「A評価」であり、「正しさ」「声の大きさ」「表現の豊かさ」が優れていたことが分かります。これを、通知表の所見用に文章にすればよいのです。

7 通知表の所見は多くの目で

　児童の行動の中には、良い行いもあれば良くない行いもあります。良くない行いについては当然、指導を重ねて改善していく必要があります。良い行いについては、通知表の所見に記入することが可能です。

　とはいえ、子供たちは担任が知らない場所でも、様々な活動をしています。そうした行いについては、どうすればよいのでしょうか。

　よく行われているのが、「子供の良さ発見カード」です。このカードを職員室に置き、子供たちの良い行いを見つけた場合に記入して、担任の先生に渡します。

　学級担任は、クラスの児童に対し「Aさんはこのような子だから、きっとこうに違いない」と固定観念で見てしまうことが少なくありません。でも、複数の教師の視点で子供たちを観察すれば、児童の新たな一面を発見することもできます。児童からすれば「自分のこんなことも知ってくれているのか」とうれしく思うとともに、教師への信頼度も向上するでしょう。また、報告をしてくれた教師にも感謝するに違いありません。

　また、学級活動の中でワークシートに書かせて発表し合う活動（グループで行ってもよい）、帰りの会等で「今日のMVP」として良かった行いを発表する活動なども有効です。

　そうした取組は、所見の材料にすることもできます。記録は、前述した学級のノートに書いていきましょう。個人面談等の際にも役に立ちます。また、児童に書かせた「となりの子の良いところ」（各学期末に行うとよい）のワークシートも、保管しておくことで、通知表の所見の材料にすることができます。こうした活動を行えば、児童同士の関係も良くなり、学級の雰囲気も明るく優しい感じになっていきます。

　本書では、読者の皆さんと同じように現場で指導している先生方が、学習指導要領の方針を踏まえつつ、ご自分の経験や指導も基にしながら執筆した文例をたくさん掲載しています。皆さんが児童の実態に合わせて所見を書く時、どのように表現してよいか困った時などに、ぜひ参考にしてください。同じ内容でも言い回しや表現の仕方をより良くすることによって、児童や保護者に与える印象は大きく変わります。

PART 2

通知表・指導要録の「総合所見」で使える文例

●

　この PART では、通知表や指導要録の「総合所見」で使える文例を紹介します。20〜51ページの行動特性に関わる文例から1文例、52〜96ページの学習面の特性に関わる文例から 1 文例を組み合わせる形でご活用ください。

CONTENTS

1	「ポジティブな行動特性」に関わる文例	20〜44P
2	「ネガティブな行動特性」に関わる文例	45〜51P
3	「学習面の特性」に関わる文例	52〜96P

ここから1文例
（71〜90字）

＋

ここから1文例
（71〜90字）

142〜180 字程度の所見文が完成

1 「ポジティブな行動特性」に関わる文例

（1）「基本的な生活習慣」が身に付いている 児童の所見文

主な行動特性

手洗い・うがいを徹底／忘れ物をしない／礼儀正しい／丁寧な言葉遣い／すすんであいさつ／5分前行動／整理整頓ができる／時間を守る／友人や下級生の手本になる／集団生活のルールを守る／授業準備ができる／物を大切にする

ハンカチやティッシュを忘れることなく準備していました。給食前の**手洗い・うがい**や消毒もしっかりと行うことができました。感染症対策を意識した生活習慣が身に付いています。

忘れ物をすることなく**登校**することができました。学校でも、次の活動を意識して行動していて、指示をしなくても授業に必要なものを自分で考え、用意することができます。

先生の話は前を向いて聞く、提出物を出すときは「お願いします」と言うなど、基本的な礼儀が身に付いています。授業の発言でも「〜です」「〜ます」と、丁寧な**言葉遣い**もできています。

誰に対しても、いつもすすんで**あいさつ**をしています。教師はもちろん**登下校**中に出会う、地域の人たちにもあいさつをする姿は下級生の良き手本となっています。

廊下歩行を守る、靴のかかとをそろえる、名札をつけるなど、当たり前のことを当たり前に行うことができています。友達にもそうした行動を促すなど、周囲に良い影響を与えています。

いつも時間を意識して行動することができます。教室ではもちろん、**宿泊学習**でも**5分前行動**を意識し、遅れることがないように、常に時計を見ながら行動していました。

時間を守る姿勢が身に付いています。**音楽**の**授業**で教室を移動するときにも、音楽室に遅れないように行くために早めに準備をしていこうとする姿が見られました。

次の活動を意識して生活することができます。指示がなくても**授業**に必要なものを自分で考え、用意することができます。学期中、ほとんど忘れ物をすることなく生活していました。

いつも机やロッカーの中が**整理整頓**されており、忘れ物もほとんどありません。**授業**が始まる前には、机の上に必要な道具を準備するなどして、友達の良き手本となっています。

整理整頓がしっかりとできています。**家庭科**の身の回りの整頓の学習をしたときは、よく使うものを手前に持ってくるとよいことなど、友達にアドバイスをする姿が見られました。

集団生活のルールがしっかりと身に付いています。廊下を走っている下級生がいたときも、なぜ走ると危ないのかを、**優しく丁寧**に説明している姿が見られました。

朝**登校**すると、自らすすんで元気に**あいさつ**することができ、気持ちの良い朝を迎えることができています。仲の良い友達だけでなく、学級の全ての友達に分け隔てなくあいさつしています。

地域の人や先生と話すとき、学級全体に発表するときなど、その場に応じた**言葉遣い**をしようと心掛けていました。その丁寧な言葉遣いは学級全体の手本となり、良い影響を与えています。

授業中だけでなく、**全校朝会**をはじめどのような場所でも、教師の話はもちろん友達の話も、良い姿勢で最後まで聞くことができます。高学年として下級生の手本となっています。

学習道具や提出物の忘れ物をすることがありません。学習面や生活面でも真面目に取り組む姿に感心しています。今後ともこの調子で頑張ってほしいと思います。

いつでもどこでも誰にでも、自分から**あいさつ**することができました。来校者に立ち止まって頭を下げてあいさつをしたり、丁寧な**言葉遣い**で話をして、感心されていました。

友達と話すときや全体に発表するときなど、その場に応じた**言葉遣い**をしようと心掛けていました。その丁寧な言葉遣いは学級全体の手本となり、良い影響を与えています。

チャイム着席を学年の目標として取り組んでから、率先して行動する姿に感心しています。友達にも「あと１分でチャイムが鳴るよ」と声を掛け、学年全体を前向きな雰囲気にしてくれました。

常に時間を守って行動することができます。**社会科見学**では、しおりと時計を確認しながら行動し、班の友達に声を掛ける姿が見られました。学校でも学校の外でも実践できる芯の強さがあります。

身の回りの**整理整頓**をする習慣が身に付いています。自分の持ち物だけでなく、学級の掃除用具入れや本棚などの乱れに気付いて、すすんで整頓する姿には感心します。

誰に対しても自分から気持ちの良い**あいさつ**ができ、時と場に応じた正しい**言葉遣い**をすることもできます。どんなことにも前向きに意欲的に取り組む姿が、クラスの皆の模範となりました。

給食の食べる量も増え、おかわりも積極的にしています。**健康観察**のときは表情も明るく、声にもハリがあります。高学年となり、元気に学校生活を過ごすことができています。

机の中を**整理整頓**し、自分が持っている物の管理がきちんとできていました。そのため、自分で補充・追加ができるようになり、道具を大切にする心も学びました。

全校朝会などで、背筋を伸ばして座って話を聞く姿勢がクラスの手本となっています。素早く帰りの支度をするなど、当たり前のことを当たり前にすることができる意思の強さがあります。

忘れ物をしないための方法を自ら考え、連絡帳にメモをする癖をつけていました。そのため、学校生活に必要な物を忘れることなく、円滑に**授業**に入ることができています。

いつも机の上を**整理整頓**しておくことで、学習に集中して取り組むことができました。特にタブレット端末の置き方に配慮し、すぐに使えるよう工夫をしていました。

明るく元気な声であいさつや返事ができ、ムードメーカーとしてクラスに活気を与えてくれます。**レクリエーション活動**のゴール型ゲームでは声を出し、周囲をリードしていました。

登校や**下校**などのボランティアの方にも、ハキハキとした声であいさつができました。止まって目を見てあいさつをするため、相手も自然と笑顔になるなどすがすがしい様子が見られます。

特別教室に移動して学ぶ際、事前に準備内容を確認するため忘れ物をすることがなく、集中して学習に取り組むことができました。友達にも声を掛け、学級全体の学びを高めることができました。

自分の持ち物だけではなく、タブレット端末の保管庫などが散らかっているときには、すすんで整えてくれました。みんなの物を大切に使うことの意義を友達に積極的に伝えてくれました。

誰に対しても、いつも明るく接することができています。しっかりと目を見て気持ちの良い**あいさつ**ができ、相手のやる気や元気を引き出してくれました。学級の手本となっています。

朝、教室に行くと、○○さんの元気の良い**あいさつ**が聞こえてきます。誰にでも、自分からあいさつをできることは大変立派で、クラスの友達の模範となっています。

高学年になり、ルールを守ることや規則正しく落ち着いた学校生活を送ることを意識して過ごすことができました。時間を守ることや**宿題**の提出等、基本的な生活習慣がしっかりと身に付いています。

林間学校では、**生活係**として手本になるように意識して行動していました。目的の一つである「集団生活の中できまりを守り、自分からすすんで行動する」を達成することができていました。

1 「ポジティブな行動特性」に関わる文例
（2）「健康・体力の向上」が見られる児童の所見文

 主な行動特性

元気に外遊び／虫歯がゼロ／毎日休まず登校／休み時間に運動／早寝・早起き・朝ごはん／風邪をひかない／健康や安全に対する意識／手洗い・うがいをする／けがの防止／給食を完食／衣服で体温調整／自主的に運動

毎日の**外遊び**を通して、体力の向上を図ることができました。遊びを通して身に付けた体力は、**体育**の学習のをはじめ、さまざまな場面で生かされています。

休み時間には、**持久走大会**やなわとび大会に向けて、一生懸命に練習を重ねていました。休み時間の練習で体力を高めていったことで、大会では良い成果を残すことができました。

保健委員として**歯磨き**を奨励する動画を作り、全校児童に向けて正しい歯磨きの仕方を伝えることができました。自らも歯磨きカレンダーの取り組みを欠かさず行い、虫歯ゼロで過ごせました。

休み時間は、いつも元気に**外遊び**をしていました。外遊びによって丈夫で健康な体をつくることができたので、毎日休むことなく**登校**することができました。

雪が降りそうな寒い日も、元気に**外遊び**をしていました。寒さに負けず元気に体を動かすことで、風邪に負けない健康で丈夫な体をつくることができました。

給食の時間中は、**家庭科**で学習した五大栄養素を意識し、給食の食材にどのような働きがあるのかを思い出しながら、好き嫌いせずに残さず食べることができています。

持久走大会に向けて目標を立て、**休み時間**には目標達成に向けて校庭を走っています。教室に戻る前には、必ず**手洗い・うがい**をして健康に気をつかった生活ができています。

保健委員として、手洗い場のせっけんやトイレットペーパーの交換などに積極的に取り組んでいました。毎日活動する中で、手洗い場の汚れにも気付き、学級にきれいに使うよう呼び掛けをしていました。

休み時間に汗びっしょりになって教室に帰ってきた○○さん。学級のみんなに水を飲むよう、大きな声で促してくれました。保健の授業で得た知識を生活に生かすことができました。

バスケットボール大会に向けて、休み時間はチームのメンバーと、放課後は一人で、練習をする姿が印象的でした。大会当日はチームの中心として大活躍でした。

運動会のリレーで選手になるという目標を立て、毎朝登校すると校庭を3周走っていました。その地道な努力が実り、運動会の代表リレーでは大活躍でした。

暑さ寒さに関係なく、いつも薄着で元気に過ごしていました。体育の授業では、友達が長袖を着ていても半袖にこだわり、寒さに負けず体を動かしていました。

授業で学んだことを生かしながら、早寝・早起き・朝ごはんを毎日きちんと実践し、他の友達の手本となりました。感染症を予防して、自ら健康に気を配ろうとする態度が、随所に感じられます。

寒い日が多く外遊びが少なくなる中、暖かく晴れた日には率先して外へ出て遊ぶ姿が見られました。友達に声掛けし、サッカーをしたり、ドッジボールをしたりと体力づくりに励みました。

保健の授業で学習したことを生活に生かすことができています。けがをしたり、鼻血を出したりした際の対応も適切で、感心しました。健康や安全に対する意識が育っています。

宿泊学習の山登りのために始めた5年生の朝マラソンチャレンジに、意欲的に取り組みました。体力づくりに継続して励んだので、苦手だと話していた山登りも友達と一緒に楽しめました。

朝マラソンにすすんで取り組む姿勢が見られ、そうした努力が**体育の授業**でも成果として表れています。全校朝マラソンの日には、下級生を励ます姿も見られました。

休み時間は友達と校庭に行き、**サッカー**を楽しんでいます。6時間目までしっかりと**授業**に集中できており、日々健康に楽しく学校生活を過ごしている様子がうかがえます。

市内体育祭に向けて、**休み時間**も練習すると目標を決めてからは、**大縄跳び**の練習を欠かさずに行っていました。前向きに努力する姿は、クラスの友達にも良い影響を与えています。

運動面では、**朝マラソン**に目標をもって取り組みました。自分の目標に向かって一生懸命努力した結果、走れる周回数が増えてきて、本人も喜んでいました。

休み時間には、友達を積極的に誘って校庭へ行き、ドッジボールやサッカーをして体を動かしていました。**運動会**では**リレー**の選手として練習に励み、バトンパスの技術が向上しました。

体育の「ハードル走」では、タブレット端末で撮った動画を見て、課題を設定して練習に取り組みました。**自主学習**でハードル走のコツを調べてまとめる姿からも、意欲が伝わってきました。

朝マラソンなどの体育的行事に最後まで取り組むことができました。**水泳**では、息継ぎの練習に熱心に取り組んだことで上達し、クロールで25メートルを泳げるようになりました。

体育のバスケットボールでは、チームのキャプテンとしてチームメイトをけん引し、自らも一生懸命プレーしました。**休み時間**にも外で元気良くバスケットボールをして体力を高めていました。

休み時間には、友達と元気良くバスケットボールなどをして遊んでいました。○○さんが友達を誘って外に出るため、学級の中でだんだんと運動に親しむ子が増えてきています。

体育の授業や体育的行事に前向きに取り組むことができました。特に**運動会**での**表現運動**では、大きな動きで踊り、クラスのみんなを引っ張ってくれました。

保健の学習で「けがの防止」を学び、運動をする前に入念に準備運動を行い、けがをしないよう努めるなど、教科の学びを日常生活に取り入れようとする姿勢が見られました。

休み時間の後や**給食**の前などは必ず**手洗い・うがい**を行い、感心しています。感染症対策への意識が高く、病気にならないように自分の身体をしっかり管理することができました。

休み時間になると、短縄を持って校庭に飛び出し、ジャンプ台の近くで練習している姿をよく見かけます。その結果、**なわとび検定**では○級を取ることができ、満足した表情を浮かべていました。

休み時間になると友達を積極的に誘い、運動場へ飛び出していきました。多くの友達と**ドッジボールやバスケットボール**などをして、体力を付けて健康な毎日を送ることができました。

給食委員として「健やかな体をつくるには、好き嫌いをなくすことが大切」と考え、野菜や牛乳の栄養価の高さを知らせる新聞を作りました。自らも好き嫌いなく食べることができています。

食育の授業後、「苦手な食べ物でも体を健康に成長させるためには食べなければならない」と考え、少しでも多く摂取しようと努力しました。これからの成長が楽しみです。

給食時間では、好きな食べ物だけではなく、苦手な食べ物もしっかり食べて、健康に気を付けることができました。時にはおかわりをするなどして、体力を高めることができました。

持久走大会に向けて、**朝マラソン**に全力で取り組みました。毎回、「前回の自分に勝ちたい！」と強い意志をもって練習し、大会では学年で1位を取ることができました。努力の賜物です。

1 「ポジティブな行動特性」に関わる文例
（3）「自主・自律」を意識した行動ができる 児童の所見文

主な
行動特性

目当てをもって生活／意欲的に自主学習／地道に努力する／自律的な姿勢／５分前行動／自分で考え判断／自ら課題を設定／高学年らしい行動／目標に向けて努力を継続

学期の最初に立てた目標の実現に向けて、努力を重ねました。目標の達成に向けて、今の自分に足りないところを考え、学習や生活を改善しようと努めていました。

将来の夢に向かって、目標をもちながら生活や学習に取り組んでいました。自分の苦手なことがあっても避けようとせず、粘り強く取り組んでいたその姿勢はとても立派です。

今の自分にできることよりも高い目標を立て、当面の課題に根気強く取り組み、努力することができました。「漢字テストで90点以上」に向けて毎日**自主学習**し、達成することができました。

学習や生活の場面において、どんなことにも諦めることなく、粘り強く取り組みました。自分の思い通りにならないことがあっても地道に努力を続ける姿に、いつも感心していました。

より良い自分を目指して、自分の行動の在り方を考えることができます。周りの環境や雰囲気に流されることなく、今すべきことを常に考えながら生活していました。

放送委員として、**給食**時の校内放送の番組づくりに自主的に取り組んでいました。同じクラスの友達や６年生の話を聞いて、どんな番組が楽しめるのかを一生懸命考えていました。

テスト前には、意欲的に**自主学習**に取り組んでいます。苦手な教科も、復習した内容の大切な部分をノートにまとめるなどして、自信をもってテストに臨むことができています。

黒板係として、**授業**が終わった後は隅々まで黒板をきれいに消してくれています。自分の役割をしっかりと果たし、学級全体のことを考えるなど、自律した生活を送ることができています。

「学級のみんなのため」という意識を強くもち、**係活動**に取り組んでいます。自分が担当する係の活動だけでなく、できることを探して意欲的に取り組むなど自律的な姿勢が見られます。

将来の夢に向かって、目標をもちながら生活や学習に取り組んでいました。そのため、どんなに難しい課題に対しても、諦めることなく取り組むことができました。

学級会では自分の考えをみんなに伝えるために、プレゼンテーション資料を事前に見せるなどの工夫をしていました。その結果、学級全員が○○さんの考えに納得し、大きな拍手が送られました。

林間学校の実行委員では**5分前行動**を意識し、誰よりも早く集合場所に移動していました。周りに言われてから行動するのではなく、自ら考えて行動しようとする姿勢はとても立派です。

委員会活動では、6年生にも臆さず自分の考えを伝えることができました。高学年としての自覚が芽生え、自ら考え判断する力に加えて、すすんで行動に移すことができる力も加わりました。

ボールが外に転がっていると拾ってきてそのクラスに届けたり、ポスターが破れているとセロテープで直したり、自分で判断して行動できます。高学年らしい姿に、多くの教員が感心しています。

自分で決めたことは、最後まで諦めずにやり遂げています。自ら立てた学期の目標である「テストで90点以上」を達成するため、毎日**自主学習**に励みました。

自分の課題が終わると、ただ待つのではなく、次の課題を自分で見つけて行う姿が見られました。高学年らしい姿が身に付いていて、クラス全体に良い影響を与えています。

宿題の他にも**自主学習ノート**にすすんで取り組んでいます。分からないことや疑問に思ったことは自分で調べる習慣が身に付いていて、着々と力を伸ばしています。

音楽のグループ発表に向けて、**休み時間**に音楽室で黙々と木琴を自主練習する姿が見られました。その姿に友達も影響を受け、班のみんなで練習し、教え合い、高め合うことができました。

給食後、床に牛乳がこぼれていたのを見つけ、自ら主体的にきれいにしていました。自分の考えをもち、積極的に行動するなど、自律的な生活を送ることができています。

学習面や生活面、**学校行事**で、課題意識を高くもち、目標を決めてその実現に努めることができました。自分の思いを行動に表すことができる芯の強さがあります。

学習、運動、生活のどの分野でも、常に自分の目標を設定し、そこに向かう姿は多くの友達の手本となっていました。何事にも全力で立ち向かう姿勢がとても立派です。

なりたい5年生の姿から1学期の目標を立て、具体的に取り組む内容を考えることができました。どの教科でも意欲的に学習に取り組み、課題を最後まで手を抜かずにやり切る姿は素晴らしいです。

今何をするべきかを的確に判断し、学級・学年に向けて正確に伝えてくれました。**レクリエーション**で実施したゴール型ゲームでも仲間に温かい声を掛け続け、チームの要となりました。

代表委員やリーダーに挑戦し、皆をまとめることができました。先のことを考えて行動する力に長け、行事に向けて常に目標をもち、前向きに取り組む姿勢がクラスの手本となっています。

行動に規範意識があり、自分の判断基準をしっかりもっているため、多くの場面で規律ある行動が取れていました。正しいと考えていることを実際に行動に移せる実行力があります。

自分で決めたことは、最後までやり抜くことができます。**園芸委員**では、副委員長として委員長と共に会議の進行をしたり、より良い活動にするための提案を行ったりしました。

休み時間と**授業**の切り替えが上手です。休み時間になると友達と仲良く遊びますが、始業１分前には必ず席に着き、授業の準備が完了しています。高学年らしい行動はクラスの手本になっています。

委員会活動では、学校をより良くしていこうと積極的に活動し、目標達成に向かってコツコツと努力しました。自分のできることをすすんで活動につなげていく姿が多く見られました。

運動会などの**学校行事**では、自ら目標を立て、その達成に向けて努力を重ねました。自分で決めた目標に向かって、仲間と協力しながら実現に努める姿がとても立派でした。

学級全体が落ち着かないときも、周りの雰囲気に流されることなく全体に声掛けができます。自分がやるべきことを臨機応変に考え、仲間に協力を求める姿が随所で見られました。

字がとても丁寧で、どのノートも見やすく書くことができました。字を丁寧に書くことを目標に据え、練習を継続したため、**硬筆**展でその成果が発揮されました。

１年生の**新体力テスト**の手伝いをしたときには、１年生の手を取り、一緒に反復横跳びをやりながら教えてあげたり、応援したりと高学年として立派な態度をとることができました。

苦手な学習にも真剣に向き合い、取り組んでいます。特にテスト前にはAIドリルを活用して、間違えた問題を繰り返し解き直していました。着実に学力が定着してきています。

（4）「責任感」を伴った行動ができる 児童の所見文

主な
行動特性

周囲に注意・声掛け／下級生のために行動／友達をサポート／リーダーとして活躍／嫌な顔をせずに行動／委員会活動で活躍／運動会でクラスに貢献／自分の役割をしっかりと果たす／率先して仕事／クラスの見本となる

○○委員会として、活動をしっかり行うことはもちろん、他者と協働して**注意や声掛け**を行うことができています。自分なりの責任感や自覚をもてている様子がうかがえます。

運動会ではダンス実行委員として、自身のダンスの経験を生かし、簡単で見栄えのする振付を考えました。**休み時間**にも学級の中心となり、練習をする姿が見られました。

運動会では応援団に立候補しました。短い練習期間で、感染症対策にも気を配りながら、良い応援になるよう考え行動する姿は素敵でした。責任をもってやり遂げるので安心して仕事を任せられます。

登校班の班長として、1年生の様子を気遣いながら歩いたり、班員への安全のための声掛けができていると地域の方からもお褒めの言葉がありました。高学年らしい行動が身に付いています。

栽培委員会の副委員長に立候補し、委員長をサポートしようと頑張っていました。台風が来る前日には、5年生の委員に声を掛け、鉢植えを風の当たらない場所に移動してくれました。

宿泊学習では、部屋のリーダーとして荷物の**整理整頓**や安全に気を遣っていました。○○さんの声掛けのおかげで、部屋のスリッパはきちんとそろえられ、退室の際の忘れ物もゼロでした。

何事にも気持ちを込めて誠実に取り組んでいます。特に**掃除の時間**は、自分の担当の場所を隅々まで丁寧に拭いています。友達のために嫌な顔一つせずに行動する姿はとても立派です。

通学班の班長として、同じ班の下級生を安全に**登校**させようと頑張っていました。横断歩道ではしっかり手をあげ、交通指導員にも大きな声で**あいさつ**する姿が下級生の良き手本となりました。

責任感があり、仕事を安心して任せられます。**栽培委員会**の仕事もそつなくこなしていて、**水やりや草取り**を欠かさないので、分担されている花壇にはいつもきれいな花が咲いています。

任された役割に対して、責任をもってしっかり行うことができています。**運動会**では応援団に立候補し、**休み時間の練習や朝の応援指導**などに熱心に取り組んでいました。

○○さんの責任感ある行動がクラス全体に良い影響を与えています。**代表委員や林間学校実行委員**として、「白分」ではなく「み.んな」のことを考えて行動する姿は学年の手本となりました。

学級委員として、学級をより高める話し合いの司会を務め、みんなの意見をまとめることができました。自分の役割を果たす姿はとても立派です。今後のリーダーシップにも期待しています。

係活動や**掃除当番**、**給食当番**など、自分に与えられた役割を責任をもって果たす姿が見られました。強い責任感をもって働く姿は、みんなに良い影響を与え、学級の手本となりました。

給食の配膳準備を素早くしたり、**配り当番**として率先して仕事をしたりすることができます。毎日、自分の役割をしっかりと果たしながら、責任感をもって生活する姿が大変立派でした。

林間学校では班長に推薦され、責任感をもって行動しました。当日は、班員全員が時間やマナーを守って楽しく過ごせるように声掛けをしつつ、自らが手本となるような行動ができていました。

頼まれた仕事はいつも快く引き受け、てきぱきと最後まで責任をもってやり遂げることができます。みんなのために貢献する姿が、クラスの手本になっています。

（5）「創意工夫」を凝らした活動ができる 児童の所見文

主な行動特性

スライドを工夫／面白い新聞を作成／発想力が豊か／協調性がある／まとめ上手／工夫して学習／好奇心旺盛／あいさつ運動を提案／学級を盛り上げる／生活の中での創意工夫／クラスを楽しくするアイデアを企画

タブレット端末を活用して、SGDsについてスライドでまとめました。写真や図を挿入したり、友達への**インタビュー**を入れたり、見る人が興味をもてるように工夫し、手本となる発表でした。

新聞係として、アンケートや**クイズ**といったアイデアを出しながらデジタル端末を活用して新聞を計画的に発行し、面白い記事でクラスの皆を楽しませてくれました。

とても発想力が豊かです。特に、○○小まつりでは、地域の方を巻き込んでお客さんに喜んでもらえるような言葉掛けや出し物について、持ち前の発想力を生かして運営に大きく貢献してくれました。

常に学級全体を見て、学級のことを考えて行動するなど、協調性があります。グループでの話し合いでも、自分の意見を発言しつつ友達の意見を尊重し、上手にまとめることができました。

授業中に大事なことをメモしたり、イラストを入れてまとめたりと工夫して学習しています。自分の生活の中で疑問に思ったことを調べ、分かりやすくまとめることもできています。

○学期は、**学年集会**の計画委員として力を発揮しました。みんなが楽しめるように、ポスターを作ったり、音楽を流したり、新しい競技を考えたりしてくれたおかげで、当日も大成功でした。

学級会では、学級全体のことを考え、友達の意見も尊重しながらより良い意見のまとめ方を考えことができました。○○さんの発言により、話し合いが良い方向へ進みました。

図書委員会では、お勧めの本のポップを作ることを提案しました。みんなが本に興味がもてるようにと本を選び、例年とは違う読書週間となるよう率先して工夫する姿が見られました。

学級会では、「低学年のお手本になろう」とあいさつ運動を提案しました。友達と協力しながら、学校をより良くするために自ら考えて行動する姿はとても立派です。

係活動では、ボランティア係として配布物などを一生懸命配ることで、学級に貢献していました。友達が困っていることを用紙に記入し、クラスボックスに入れてもらう工夫も考えていました。

好奇心が強く博識なため、授業中にみんなが知らないようなことを発表する場面が多々あります。知識を吸収するために、多様な資料の中から取捨選択し、自分にとって最適なものを選んでいました。

係の仕事や当番活動において、クラスを楽しくするためのアイデアをタブレット端末でプレゼンテーションできました。ちょっとした工夫で、活動が楽しめることを伝えてくれました。

外国語活動で学んだことをタブレット端末で紹介したり、学習発表会の劇に取り入れたりして、別の活動に結び付けていました。自分なりの学びを他の活動へ活用し、工夫する姿が素晴らしいです。

修学旅行では、実行委員として修学旅行が思い出深いものになるよう、会議に出席したり、出発式や到着式で司会を務めるなど、多様な役割を楽しみながら果たすことができました。

新聞係として、クラスみんなが楽しめる新聞を作り、学級を盛り上げています。ただ掲示するだけでなく、帰りの会でオリジナルキャラクターになりきって紹介し、みんなの注目を集めました。

新聞係として、アプリを使っておしゃれで楽しい新聞を作り、クラウドに投稿しています。自作の漫画やランキングを載せる等の工夫も凝らし、読む人を楽しませてくれています。

1 「ポジティブな行動特性」に関わる文例
（6）「思いやり・協力」の姿勢がある児童の所見文

友達と協力／男女分け隔てなく接する／誰とでも仲が良い／相手の立場を考えて行動／下級生に声掛け／友達の意見をよく聞く／仲間はずれをつくらない／人の気持ちに寄り添って発言／けんかを仲裁／穏やかな言動

友達と協力しながら物事に取り組むことができます。初めての**委員会活動**では、6年生に仕事を教えてもらいながら、互いに協力して活動する姿が見られました。

男女の区別なく誰とでも仲良く過ごすことができました。**授業**では隣の席の友達に問題の解き方を教えてあげていました。**林間学校**のダンスでは、誰とでも仲良く関わることができました。

ある**授業**で、隣の席の友達に問題の解き方を教えてあげていました。また、グループでの話し合いでは、自分の考えを伝えるだけでなく、友達の意見をよく聞き、グループの考えをまとめていました。

友達と力を合わせ、目標に向かって進んでいこうとする姿勢が見られます。学級目標を達成するために、みんなのためにできることはないかと考えながら生活していました。

いつも友達の気持ちを考えながら生活しています。**宿泊学習**の係決めのときには、自分がやりたい係を主張するのではなく、みんなの意見を聞きながら係決めを進めていました。

転んだ下級生に「大丈夫？」と優しく声を掛け、保健室に連れて行ってあげました。誰に対しても分け隔てなく誠実に接し、男女関係なく誰からも慕われています。

いつも相手への思いやりや感謝の気持ちをもって生活することができます。友達に何かをしてもらったときには、自然と「ありがとう」というお礼の言葉が出てきます。

音楽発表会に向けた練習中、リコーダーの運指や楽譜の読み方を友達に優しく教える姿が見られました。また、合唱の練習を行おうと、**休み時間**は友達に声を掛け、協力して練習を行っていました。

普段あまり関わりがない人でも、遊ぶときは気持ち良く仲間に入れることができました。そうやって誰とでも関わることができるので、どんな人とも信頼関係を深めていました。

班での話し合いの際は、「まず○○さんの話を聞こうよ」と、人の気持ちに寄り添った発言ができます。**学級会**の際も折衷案を巧みに提案するなど、○○さんの温和な性格がクラスに貢献しました。

宿泊学習の班を決めるときに、仲間はずれが出ないようくじ引きで決めることを提案してくれました。○○さんのおかげで学級に新しい絆が生まれ、みんなの思い出に残る宿泊学習となりました。

学級会の話し合い活動で意見が割れた際に、両方の話からそれぞれの良い部分を取り、その上で折衷案を提案したところに○○さんの思いやりを感じました。

運動会では**救護係**として、けがをしてしまった友達の手当をしてくれました。○○さんの優しい声掛けで、それまで泣いていた下級生が泣き止んだ様子を見たときは感動しました。

困っている友達や下級生を見かけると、いつも優しく声を掛けています。自分のことだけでなく、周囲の人のことを気にかけることができる優しさが○○さんの魅力です。

けがをして教室の床拭き**掃除**ができない友達に声を掛け、ほうきの掃除と代わってあげていました。思いやりのある行動に友達も感謝し、信頼関係を深めていました。

学級会では**学級委員長**として司会進行を務め、書記など他者と協力しながらみんなの意見を上手にまとめてくれました。高学年らしいリーダーシップで、計画的に話し合うことを実践しました。

運動会に向けた練習では、友達が失敗しても責めることなく励ます姿がみんなの意識を変えました。運動が苦手な友達に根気強く教えてくれたおかげで、当日は全員が力を出し切ることができました。

縦割り遊びでは、1年生でも楽しめるルールを提案していました。当日も、下級生も楽しめるようにボールをパスしたり、すすんで声を掛けたりするなど、頼もしい姿が見られました。

グループ学習等で、自分と違う意見でも認め尊重する姿勢があります。人の立場に立って考えることができ、クラスの友達や下級生からの信頼も厚く、リーダーとしての成長が楽しみです。

いつも友達の気持ちに寄り添おうとしています。先日もリレーのバトンパスで失敗してしまった友達に駆け寄って励ます姿が見られました。クラスにも○○さんの優しさが伝わっています。

チームワークを大事にする気持ちを持ち続けています。宿泊学習でもその力を発揮してくれて、クラスや学年のために率先して行動する姿は、みんなに良い影響を与えました。

誰にでも分け隔てなく接し、正しいことをしっかりと伝えることができます。いつでもクラスのために友達に声を掛けたり、率先して行動したりすることができています。

体育の「バスケットボール」では、自分が得点を決めるだけでなく、いかに周りにパスを出すか、周りの得点につなげるかということを考えて行動する姿に大きな成長を感じました。

とても優しい心の持ち主で、いつも穏やかに学校生活を送れています。その優しい心が、心遣いとなって行動に現れ、友達に感謝される機会も少なくありません。

友達が書き初めの墨汁をこぼしたとき、誰よりも早く雑巾を取りに行くなどの優しさと行動力を兼ね備えています。様子を見た周りの友達がそれに続くなど、良き手本となることができました。

林間学校の実行委員として、同じ委員の友達と力を合わせて成功させるための努力をしました。仲間の意見を尊重しながら自分の考えも話すことで、上手に折り合いをつけることができました。

とても優しい性格で、どの友達に対しても平等に接することができます。そのため友達からの信頼も厚く、クラスの中心となってさまざまな取り組みを行いました。

仲間に入れない友達を見かけると、すすんで声を掛けるなど友達が孤立しないように気を配ることができました。どんな場面も、仲間への優しい気持ちを忘れずに接する姿が見られました。

友達がけんかしたときは、お互いの話を聞くなどして、けんかの仲裁をしました。学級のみんなが仲良く過ごせるように仲間と協力して、学校生活を高めていこうとする姿が多く見られました。

下級生とのふれあい集会では泣いている子にそっと寄り添い、温かい言葉を掛けてくれました。そうした思いやりある行動が、高学年として全校児童の手本となり、大変立派でした。

なわとび大会に向けた「八の字跳び」の練習では、優しく友達に声を掛け、背中を押してあげていました。友達がスムーズに飛べるようになったときには一緒に喜ぶ姿が印象的でした。

授業中、困っている友達がいると、自分がまとめたスライドやカードを送ってあげています。優しく寄り添いながら、自分にできることを考えて行動する姿勢は大変素晴らしいものがあります。

音楽会では「クラス一丸となって素敵なメロディーを奏でよう」をスローガンに、助け合いながら練習に励みました。当日は、息がぴったり合ったハーモニーを奏でることができました。

友達が困っているときには、声を掛けたり、手を貸したりして助けている姿をよく見かけました。男女関係なく誰にでも声を掛けられる姿はとても立派です。

（7）「生命尊重・自然愛護」の心がある児童の所見文

主な行動特性

生き物係として活動／積極的に生き物を世話／動植物に愛着がある／栽培委員として活動／生き物に関する知識が豊富／生き物に関する情報を新聞で発信

夏休みの**自由研究**では、SDGs の「フードロス」について調べました。クラスの発表会では、食べ物の大切さや貧しい人々の暮らしについて分かりやすく発表することができました。

中学校の生徒会と協力して、SDGs の「環境問題」について、学校でできることとして「ごみの削減」について考え、紹介ビデオを友達と協力して制作し、校内放送で発表しました。

すすんで**生き物係**を引き受け、自分からよく気が付いて、友達と協力してメダカの水槽の**掃除**を行っています。それ以外でも自分の仕事が終わると、友達の係の仕事を手伝う姿がよく見られました。

生き物係としてクラスで育てているメダカの世話を行いました。卵が産まれると「先生、何か容器をください」と言って、丁寧に卵を移し替える姿が見られました。

生き物係の他に**理科係**の仕事を手伝い、自分から気付いて友達に声を掛けて学習園の草花に水をあげてくれました。気付いたことをすぐに行動に移すことができ、みんなから感謝されています。

飼育委員としてウサギの世話を任され、毎日欠かさず行うことができました。特に、ウサギ小屋の**掃除**を嫌な顔一つせずすすんで行うなど、**動物への愛着**が感じられます。

教室にカランコエの鉢を置いておいたところ、気が付いて水をあげたり、花殻を取ってくれたりときれいにしてくれています。**係**を任せたところ仕事が丁寧で、頼もしい限りです。

1 「ポジティブな行動特性」に関わる文例
（8）「勤労・奉仕」の精神がある 児童の所見文

他の友達が嫌がる仕事にも積極的／友達の仕事を手伝う／仕事が丁寧／毎日欠かさず水やり／労を惜しまずに活動／相手のことを考えて行動／低学年の面倒をよく見る／嫌な顔をせずに行動

他の子がためらうようなことにも一生懸命取り組んでくれるので助かっています。音楽室の**掃除**では、汚れているところを見つけて、グループのみんなに声を掛けてくれました。

教室の**掃除**をしていると、窓のサッシの細かな汚れなどにも気が付いて、友達と協力してきれいにしてくれています。仕事が丁寧で、安心して仕事を任せることができ、頼もしい限りです。

自分の係の他に、配りの仕事を手伝ったり、自分から気付いて他の係を手伝ったりして人のために働いています。気付いたことをすぐに行動に移すことができ、みんなから感謝されています。

トイレ**掃除**のとき、他の友達が二の足を踏むような仕事でも、自分から率先して行っている姿には本当に頭が下がります。仕事を終えたときの笑顔がこの上なく輝いています。

青少年赤十字委員会の一員として、募金活動とアルミ缶の回収を定期的に行っていました。特に、アルミ缶を潰し、ワゴンに集める作業に熱心に取り組んでいました。

運動委員会の一員として、みんなが使うボールの出し入れを毎日欠かさず行っていました。子どもたちが砂場でけがをしないように、毎日砂の掘り起こしも行っていました。

保健委員会の一員として、学校全体のトイレ一つ一つを点検・**掃除**し、トイレットペーパーの補充をしてくれました。汚れている手洗い場をきれいにし、せっけんを補充してくれました。

夏休み中に行われる職員、保護者、高学年児童による除草作業に自らすすんで参加し、大人たちに交じって校庭の雑草を取ったり、取った雑草をビニールの袋に入れたりしました。

前期の**代表委員会**に立候補し、頑張っています。朝の**あいさつ運動**では人一倍大きな声で取り組んでいます。学校のために何ができるかを考えて行動する姿は、クラスの手本となっています。

自然の教室では、5年生として立派に活動していました。食器の片付けを率先して行う等、みんなのために仕事をする姿がたくさん見られ、高学年としての頼もしさを感じました。

クラスを良くしようと学級の課題についてアンケートをとり、課題の改善に向けて率先して実践していました。普段から相手のことを心から考え、行動する姿が素晴らしいです。

縦割り活動では、高学年としてリーダーシップを発揮し、グループ遊びに参加していました。低学年の面倒をよく見る姿には、高学年としての成長をとても感じます。

運動会では、高学年として自覚をもって取り組み、**決勝係**という大切な仕事をしっかりとこなしてくれました。係の仕事に汗をかきながら取り組む姿にはとても感心しました。

宿泊行事では、実行委員を務めました。充実した活動になるように、実行委員会に毎回欠かさず参加し、みんなを楽しませるために、さまざまな準備をコツコツと行う姿が見られました。

周りの様子によく気が付き、ノートを配ったり黒板を消したりしてくれました。みんなのためになる仕事をすすんで行う姿は、高学年としてとても頼もしく思えます。

掃除当番や**給食当番**では、毎回一生懸命行ってくれています。どんなことでも嫌な顔をせず、みんなと協力して真面目に取り組む姿勢はクラスの良き手本となっています。

（9）「公正・公平」を意識した行動ができる児童の所見文

主な
行動特性

誰にでも笑顔／クラスの意見を上手にまとめる／どの学年の子にも公正に耳を傾ける／男女分け隔てなく接する／損得にかかわらず冷静に判断／公平に正しく審判／友達の相談に耳を傾ける／年下の意見にも耳を傾ける

誰にでも笑顔で優しく接することができるのが○○さんの良いところです。**異学年交流**では、低学年の子のトラブルを仲裁するなど、高学年として立派に成長している様子が感じられました。

他の子の意見に流されず、自分が正しいと思ったことを言えるのが○○さんの良さです。**学級会**では**休み時間**の過ごし方についてみんなが納得する意見を述べ、友達から拍手をもらいました。

学級会の司会者として特定の人に偏ることなく指名し、多くの意見を取り上げて整理することによって、司会グループの友達と協力して学級としての意見をまとめることができました。

１年生から６年生までの**縦割り活動**で、集団の副班長として、班長に協力して班をしっかりとまとめることができました。どの学年の子にも公正に耳を傾けることができました。

男子と女子で意見が分かれたときに、男子の意見を優先させることなく、両方の意見を公平に扱い、意見をまとめることができました。その公平な態度と公正な行動はとても立派です。

体育の授業でバスケットボールの審判を務めた際、どちらのチームにも公平な態度で友達と協力して正しく判定していました。その行動で、学級の友達から大きな信頼を得ています。

自分の損得にかかわらず常に冷静に判断することができます。**学級会**でもその姿勢が見られ、○○さんが意見を言うと、多くの友達が納得している姿がよく見られました。

(10)「公共心・公徳心」を大切にしている児童の所見文

決まりをすすんで守る／ルールとマナーを守る／学校全体のことを考えて行動／友達に迷惑をかけない／図書館を上手に使うポスターを制作／学級会でクラスの決まりごとを提案

日々の生活において、学校や学級の決まりをすすんで守り、落ち着いた態度で友達と楽しく過ごしています。決まりは自分たちのためにあるということをしっかり受け止めることができています。

社会科見学ではルールとマナーを守り、グループ活動を楽しく行いました。**インタビュー**を終えた後に丁寧に**あいさつ**ができ、お褒めの言葉をもらいました。

メディア委員会では、タブレット端末の使い方について児童からアンケートを取り、さまざまな意見を取り入れながら、学校としての決まりを作ることができました。

休み時間に**サッカー**を楽しんだ後、自分たちの使ったボールを片付けるだけでなく、他の学年が使って乱雑になっているボールをきちんと整理するなど、学校全体のことを考えて行動できます。

学校や学級のルールをすすんで守ることができ、友達に迷惑をかけるようなことがありません。その立派な態度はみんなの模範であり、下級生からも信頼されています。

美化委員会の一員として、日々校庭や教室などの**掃除**を心掛けることができました。**委員会活動**の際、友達と協力してなかなか気付きにくいところまで目を配り、きれいにすることができました。

図書委員会の一員として、学校全体の子どもたちが利用する図書室の本の**整理整頓**を積極的に行いました。図書室を上手に使うためのポスターも分かりやすく作成していました。

（1）「基本的な生活習慣」が身に付いていない児童の所見文

あいさつの大切さをよく理解して、小さな声でも必ずあいさつをしていました。今では高学年らしく、低・中学年の手本となるような堂々としたあいさつや話ができるようになってきました。

自らすすんであいさつができるようになってきました。高学年としての自覚の芽生えから、生活を見直そうという意識が高まっています。この意識をさらに高めていけるよう支援していきます。

宿泊学習での5分前行動の徹底がきっかけとなり、余裕をもって行動することの良さに気付きました。時間を意識することでより良い生活ができるようになりました。

学校ではいつも元気に過ごしています。登校時間を守って、しっかりとしたリズムで生活することができるように、今後もご家庭と協力していきたいと思います。

身の回りの整理整頓に課題がありましたが、家庭科の物の整理の学習をきっかけに、片付け方について考えるようになりました。それ以降、改善が見られるようになってきました。

当初は授業が始まっても集中できなかったこともありましたが、今は学習と遊びの時間のけじめをきちんとつけ、いつも一生懸命学習に取り組み、みんなの良き手本となっています。

毎日、たくさんの友達と楽しく遊ぶ姿が見られます。掃除や当番などを忘れずに行う姿勢が身に付けば、高学年としての頼もしさが表れてきて、さらに学校生活が充実するものと思います。

進級した頃、掃除当番や給食当番の仕事にあまり意欲的ではありませんでしたが、林間学校では食事の配膳係や部屋の布団の上げ下ろしを率先して行っていました。

（2）「健康・体力の向上」において課題がある児童の所見文

感染症が流行したときには、**手洗い・うがい**をよく行っていました。予防のために、自らすすんで手洗い・うがいを丁寧に行う姿が、低・中学年の良き手本となっています。

外で元気良く遊ぶ姿が見られるようになってきました。友達関係の変化がきっかけとなり、少しずつ**外遊び**に参加するようになってきました。運動することの楽しさに気付いてきたようです。

苦手だと言っていた**マット運動や跳び箱**に諦めることなく取り組みました。日頃より体を動かす習慣が身に付くように、今後も支援をしていきたいと思います。

スナック菓子が大好きで、以前は「好きなだけ食べたい」と言っていましたが、**保健**の学習などを通して、適量を食べることの大切さを知り、今では考えて食べることができているようです。

朝のマラソンには当初、あまり意欲的ではありませんでしたが、最近は朝のマラソンで学級で一番長い距離を走りました。健康的な毎日の生活が心身の安定につながっています。

休み時間は教室で友達と話して過ごすことが多かったようですが、最近は**外遊び**を楽しむ姿が見られるようになってきました。外で元気良く遊ぶことの楽しさに気付いてきたようです。

学校に来ると何事にも意欲的に活動しています。次学期は健康に気を付け、毎日元気に**登校**できるように、ご家庭と協力してサポートをしていきたいと思います。

運動会の表現活動では、苦手だと言いながらも一生懸命取り組むことができました。その苦手意識が少しでも改善できるように、引き続き励ましていきます。

（3）「自主・自律」を意識した行動ができない児童の所見文

当初は**委員会**の仕事を忘れることがありましたが、友達から声を掛けてもらううちに、取り組めるようになりました。最近は、友達と声を掛け合いながら活動する姿が見られます。

自分の思いを伝えるのを我慢してしまう傾向がありますが、仲の良い友達には自分の気持ちをちゃんと伝えられているようです。今後は他の友達にも思いを言葉にできるよう支援していきます。

周りの様子を見てから動くことの多い慎重派な○○さんですが、**校外学習のときは5分前行動**を意識して、同じグループの友達にも声を掛けながら、行動していました。

友達の中であまり自分の考えを述べることのなかった○○さんですが、友達同士がけんかをしてしまったときには、みんなと仲良くしたいという自分の思いを涙ながらに語ってくれました。

宿題を提出しない日が多く、目標に向かって努力できないなどの状況が少しずつ改善してきました。学期の後半には宿題も提出し、何事にも意欲的に取り組めるようになってきました。

（4）「責任感」を伴った行動ができない児童の所見文

掃除の時間に仕事をしないことがありましたが、掃除に取り組む姿を担任が示し続けた結果、本人も取り組み始め、今では掃除の時間ギリギリまで掃き掃除をするようになりました。

栽培委員として、毎日の**水やり**を忘れてしまうことが何度かありましたが、今学期の反省でそれを直したいという思いを伝えてくれました。次の学期はその思いをもとに頑張ってほしいと思います。

５年生になり、**登校班の副班長**となりましたが、何度か遅れてしまうことがありました。ですが、班長が**修学旅行**で不在の日には、しっかりと班長の代理を務めていました。

　図書委員会の仕事をしばしば忘れてしまうことがありましたが、一度、委員会担当の先生と話してからは、忘れないように、メモを取るなどの工夫をしている姿が見られました。

　学級での**当番活動**では、自分の担当を忘れてしまうことがありましたが、教師や友達に称賛されることに喜びを感じてからは、責任をもって取り組めるようになりました。

（5）「創意工夫」を凝らした活動ができない児童の所見文

　学校生活に、自分なりの工夫を盛り込めるようになってきました。**音楽係**として、タブレット端末を活用して**なわとびタイム**や**読書タイム**などに適した選曲をして、学級を盛り上げました。

　グループで活動すると、安心して自分の考えを伝えられます。お互いの良さを認め合う中で、相手の良さに気付いて取り入れたり、自分の表現に自信がもてるようになってきています。

　宿泊学習のゲームでは、クラスのみんなに協力を求め、アイデアを出してもらっていました。○○さんがみんなの力を集約したおかげで、大成功のキャンプファイヤーとなりました。

　放送委員として、お昼の放送を担当しました。与えられた仕事をこなすだけではなく、どうしたら聞き取りやすい放送になるかと、工夫して仕事に取り組む姿に成長を感じました。

　日々の学校生活に、自分なりの工夫を盛り込めるようになってきました。**音楽係**として、**なわとびタイム**や**読書タイム**などに適した選曲をして、学級の雰囲気向上に貢献しました。

（6）「思いやり・協力」の姿勢がない児童の所見文

クラブ活動で、4年生が入ってから大きな変化が見られました。下級生が楽しめるようにボールをパスするなど、優しい姿が光っていました。今後、高学年としての活躍が楽しみです。

当初は他の友達の意見を受け止めることに苦手意識がありましたが、相手の意見に納得すると譲る姿が見られるようになってきました。他者と協働することで確かな成長を感じます。

当初は、時と場面に応じて言葉を選ぶことができませんでしたが、教師に話をするときや学級全体に話をするときなど、状況に応じた言葉遣いが少しずつ意識できるようになってきました。

ソーシャルスキルトレーニングにクラスで取り組んでから、相手に伝わる言い方を実践している姿が見られます。自分も友達も尊重する気持ちが養われたことの証だと思います。

大縄跳びの練習では、縄を回す役目を引き受けたことで変化が見られました。跳び手のことを考え、声を掛け合っていきいきと縄を回す姿がみんなにも伝わり、チームワークが深まりました。

（7）「生命尊重・自然愛護」の心がない児童の所見文

生き物係として、メダカについて調べたことを端末のスライドで紹介しました。友達が水槽の汚れに気付いたことを知り、水替えにも積極的に取り組む姿が見られました。

クラスで飼っているメダカの様子を観察するだけでなく、水槽の汚れにも気が付き「きれいにしよう」と周りに声を掛けていました。水の交換もすすんで行うことができました。

林間学校での自然体験をしたことで、自然を大切にすることの大切さに気付くことができました。学校生活でも、教室で育てている植物に目を向け、すすんで世話をしてくれています。

○学期は生き物係を務めました。当初は、動物や植物のお世話を忘れることもありましたが、メダカの学習などを通して水槽内で生きている魚たちを大切に育てようとする姿勢が芽生えてきました。

理科などで学ぶ命のつながりについて、当初は全く興味を示すことがありませんでしたが、兄弟が生まれたり、いとこが増えたりしたことで、命のつながりへの関心を高めていきました。

2 「ネガティブな行動特性」に関わる文例
（8）「勤労・奉仕」の精神がない児童の所見文

初めての委員会活動に徐々に慣れてきました。放送委員として、休み時間の終わりや掃除の時間を伝えることが全校のためになっていることに気付き、すすんで活動する姿が見られました。

周りのことに目を向け、みんなのために働くということを意識できるようになってきました。配り物があると当番でなくとも配る姿を見て、大きな成長を感じています。

保健委員会では、仕事を忘れないように友達と声を掛け合って取り組むことができるようになりました。全校のためにポスターを作ったり、委員会発表で活動内容を紹介したりすることができました。

頼まれた仕事は、ミスのないように無難にこなしていました。それだけでなく、最近ではたくさんの仕事を快く引き受け、てきぱきと最後まで責任をもって働く様子も見られます。

全校奉仕活動では当初、すすんで活動することなく仕方なく働いていましたが、高学年として下級生の手本になろうと思ったことで、自分の役割を果たそうと仕事を見つけて活動することができました。

2 「ネガティブな行動特性」に関わる文例
（9）「公正・公平」を意識した行動ができない児童の所見文

タブレット端末を持ち帰った際、学習に関係のないことに使用してしまったことがありましたが、デジタルシティズンシップについて学んだ後は、端末の使い方が上手になってきています。

下校時、仲の良い友達と帰るために自分の通学路ではない道を通って帰ってしまったことがあります。通学路が決まっている理由を説明してからは、安全に下校をすることができています。

球技大会では勝つことにこだわってしまい、ルールを守れないことがありました。しかし、仲間に支えられながら一緒に戦うことで、ルールの大切さを学ぶことができました。

物事を損得で考えてしまう傾向があります。悪いことでも自分がよければ手を出してしまう場面が何度か見られました。○学期はルールをしっかり意識し、正しい判断ができるよう指導していきます。

2 「ネガティブな行動特性」に関わる文例
（10）「公共心・公徳心」を大切にしていない児童の所見文

委員会活動では、当番を忘れてしまうことがありましたが、自分の仕事の重要性に気付き、友達と声を掛け合いながら仕事をする姿が見られるようになってきました。

授業中、答えを口に出してしまうことがありましたが、挙手をしてから発言をする練習を行って以降は、少しずつ答えを言ってしまうことが減りました。本人の努力がうかがえます。

宿泊学習は、ルールやマナーについて考えるきっかけとなりました。集団生活を送るためには、守らなければならないルールやマナーがあるということに気付けたのは大きな成長です。

（1）**国語に関わる**所見文

◆ 「知識・技能」に関わる文例

> **特性
> キーワード** 比喩や反復などの理解／漢文を音読／複合語の理解／辞典の活用／敬語の種類を
> 理解／品詞の理解／送りがなの理解／正しい筆順と字形

物語「いつか、大切なところ」では、本文中の語感、言葉の使い方に対する感覚などについて関心をもち、比喩や反復などの表現の工夫を理解することができました。

教材「**漢文**に親しむ」では、親しみやすい漢文、近代以降の文語調の文章について、その内容の大筋を理解しました。また、漢文のリズムや響きを感じながら**音読**することもできました。

教材「かなづかいで気をつけること」では、「おおきい」「こおり」などのように、オの音をのばすものでも「う」にならないなどの仮名遣いの決まりや例外に注意して正しく書くことができます。

教材「**漢字学習ノート**」で、既習漢字についての由来、音・訓の読み方、意味、使い方などをすすんで調べ、短文を考えて漢字学習ノートに書き、正しく書くことができるようになりました。

教材「**漢字の広場　②複合語**」では、二つ以上の言葉が組み合わさってできた複合語について、その読み方と組み合わせ方を理解して、複合語の言葉を集め、短文を作ることができました。

教材「**和語・漢語・外来語**」では、国語**辞典**を活用して、それぞれの由来、言葉の使い方などについて区別して理解することができ、また、正しく使うこともできます。

教材「**敬語**」では、敬語の種類と働きとして、それぞれ「**尊敬語**」「**謙譲語**」「**丁寧語**」があることを理解し、また、どのような敬語をどのようなときに使うか理解することができています。

教材「話し言葉と書き言葉」では、言葉には話し言葉と書き言葉の違いがあることに気付き、それぞれの言葉の働きや性質を区別して、その場に応じた使い方を理解することができました。

教材「送りがなのきまり」では、送りがなの必要性やつけ方のきまりを理解することができました。また、つけ方のきまりに注意して、正しく書くこともできます。

書写「筆順と字形」では、筆順と字形（点画の接し方など）との関係を理解して、気を付けて書くことができました。また、それを**硬筆**でも生かして書くことができました。

書写「学習のまとめ」では、これまでに学習したことを生かして、**漢字**と平仮名の大きさに気を付けて書くことができました。また、それを**硬筆**でも生かして書くことができました。

二字熟語は多数あり、覚えるのはなかなか大変ですが、二字熟語の構成を五つのタイプに分けて理解することができました。よって、習った熟語の意味を全て理解しています。

教材「話し言葉と書き言葉」では、場に応じた言葉の選び方の違いや表現の仕方の違いを理解するのは難しいようですが、話し言葉と書き言葉の特徴の違いを理解することはできました。

新聞を読むのは難しいですが、教材「新聞を読もう」では、新聞の特徴、新聞記事の構成、見出しやリードなどを知り、文や語句と図や写真などとの関係の表し方について理解することができました。

教材「言葉と事実」では、「同じ事実でも言葉によって違った事実として伝わってしまう」ことの難しさに気付き、事実と結び付いた言葉を使うことが重要であると理解できました。

新聞を読むのは大変ですが、教材「言葉と事実」では、新聞の用語「大見出し」「リード」「社説」「コラム」「構成」などを知り、図や写真などの紙面の配置について理解できました。

熟語には同音のものがあり複雑ですが、国語辞典を活用して同音異字の熟語や同音異義の熟語を調べて、文脈にふさわしい熟語を当てはめて使うことができました。

◆ 「思考・判断・表現」に関わる文例

特性キーワード 目的や意図に応じて書ける／心情表現に気を付けて音読／話の構成を工夫して話す／事実と意見を区別して書ける／内容や構成を工夫して発表

教材「『情報ノート』を作ろう」（書く）では、興味を持ったり、疑問に思ったりしたことについて、目的や意図に応じて、書く事柄を集めて文章を書くことができました。

物語「いつか、大切なところ」（読む、書く）では、登場人物の心情の移り変わりを心情表現に気を付けて読み、本文中の心情表現を活用して、続き物語を書くことができました。

教材「ポスターを作ろう」（書く）で、どんなポスターにするかを考え、言葉を引用したり、図表や写真を用いたりして、自分の考えを紹介するポスターをタブレット端末で作ることができました。

教材「AIとのくらし」（話す・聞く）では、話の内容が明確になるように資料を活用し、事実と感想、意見を区別するなど話の構成を工夫して話すことができ、友達との交流も深まりました。

説明文「言葉と事実」（読む、書く）では、事例と解説の関係を理解し、言葉と事実について自分の考えを明確にしながら本文を読み、**学級新聞**の見出しに合う記事を書くことができました。

教材「知りたいことを決めて、話を聞こう」（話す・聞く）では、**インタ**ビューをして必要な情報を集め、話し手の考えと自分の考えを比較しながら自分なりにまとめ、発表することができました。

教材「話し言葉と書き言葉」（書く、話す・聞く）では、事実と意見を区別し、目的や意図に応じて分かりやすい文章を書き、内容が正しく伝わる話し方をすることができました。

物語「大造じいさんとがん」（読む、書く）では、はやぶさに立ち向かっていく残雪に対する大造じいさんの心情の変化（山場）を読み、大造じいさんの立場で山場を書き換えることができました。

説明文「世界遺産 白神山地からの提言」（読む、書く）で、資料と文章を合わせて効果的に読むことで考えを深め、本文中の文や言葉などを引用して意見文を書くことができました。

物語「雪わたり」（読む）では、情景描写や登場人物の行動、会話、心情など、それぞれの表現の工夫を通して、優れた表現について自分の考えをもって読み、友達との意見の交流もできました。

説明文「まんがの方法」（読む、書く）で、多くの問いかけ、詳しい解説や具体例など、効果的な説明手順を踏まえて本文を読み、まんがに対する考えの変化を文章に表すことができました。

日頃、新聞に興味・関心をもっていませんでしたが、教材「新聞を読もう」を通して、新聞の仕組みを知り、それをもとに同じ記事を読み比べ、見出しや記事の意図や効果に気付くことができました。

あるテーマについて、自分の立場を踏まえて理由や根拠を挙げながら話すことに不慣れでしたが、教材「言葉で伝える心を伝える」では立場を決め、話の構成を考えて話し合うことができました。

読書は好きでも、本を推薦する経験がありませんでした。教材「『図書すいせん会』をしよう」では、自分の経験や出来事を交えながら紹介する内容を明確にして紹介文を書くことができました。

人の前で発表するのが苦手でしたが、教材「ひみつを調べて発表しよう」の学習を通して必要な資料を集め、調べたことについて、内容や構成の資料の示し方を工夫して、上手に発表していました。

ノンフィクション作品を読んだ経験がありませんでしたが、「みすゞさがしの旅—みんなちがって、みんないい」で筆者の心情や考えを知り、金子みすゞ作品を読み、その感動をノートにまとめていました。

◆「主体的に学習に取り組む態度」に関わる文例

特性キーワード 構成や配置、表現を工夫してポスターづくり／情景を想像しながら音読／伝えたいという思いをもって発表／楽しみながら音読

教材「知りたいことを決めて、話を聞こう」で簡単なインタビューを行い、自分に伝えたいことは何かを考えながら聞き、相手の話を聞くだけでなく、自分の考えと比べながら聞くことができました。

叙述をもとに、**物語**「いつか、大切なところ」の揺れ動く主人公の心情を場面ごとに読み、書きまとめ、友達と意見の交流ができました。また、その話の続きを書くことができました。

事前にポスターの広告の効果と特徴を調べることで、教材「ポスターを作ろう」では、見る人がよく分かるように、全体の構成や配置、言葉の表現を工夫しながらポスターを作ることができました。

教材「『町じまん』をすいせんしよう」では、自分たちの町じまんを決めて、グループ内でそれらを強調したり、間を取ったりしながら発表し合い、聞き手が納得できる話し方を追究していました。

物語「大造じいさんとがん」では、この物語特有の美しい情景描写に気付き、情景を想像し、登場人物の相互の関係からそれぞれの内面にある深い心情を読み取ることができました。

詩「素朴な琴」「鳴く虫」「山のあなた」では、それぞれの文語調の作品を**音読**し、比喩表現や繰り返しの表現など、独特のリズムの美しさを楽しむことができました。

教材「俳句を作ろう」では、季節の風情を楽しみ、日本語の美しい響きを感じながら、句に込められた気持ちを思い浮かべて俳句を作り、発表し合っていました。

学級の一人一人が１年間の活動を報告する文章を書き、学級文集にまとめることができました。文章表現に曖昧なところがないか、相手が理解できるかなど、推敲を重ねていました。

日常生活の中で興味を持ったり、疑問に思ったりしたことを書こうと決めて、さまざまな方法で情報を集めて「情報ノート」を作り、その情報を発表し合い、友達と交流することができました。

難しい内容の記事が盛りだくさんな新聞ですが、編集の仕方や記事の書き方に注目して読んでいました。また、同じ記事を他の新聞記事と比べて読み、気付いたことを話し合っていました。

「ニュースを読むなら、『新聞ニュース』か『ネットのニュース』のどちらが良いか」をテーマにしたディベート形式の意見交換会で、テーマに対する立場をはっきりさせて、話し合っていました。

説明文「世界遺産・白神山地からの提言」にある多様な文章や資料を自分と比べながら読み、**意見文**の書き方を知り、自分の考えを深め、その考えが伝わるように、根拠を明確にして意見文を書くことができました。

ICT を使った発表が苦手でしたが、伝えたいテーマの情報を集め、自分も相手もよく分かるような発表の構成を考えて、図表やグラフを活用してプロジェクターで発表することができました。

3 「学習面の特性」に関わる文例
（2）**社会に関わる**所見文

◆ 「知識・技能」に関わる文例

特性キーワード 地球儀上の日本の位置を理解／日本の国土の特色を理解／日本の気候を理解／日本の工業の特色を理解／森林産業の役割を理解

「世界の中の国土」の学習では、**地図や地球儀**だけでなく、地図アプリを使って調べました。日本が世界のどこに位置しているのかを自分の言葉で説明することができるようになりました。

「国土の地形の特色」の学習では、主な山地や山脈、平野や川などを**地図**から読み取り、白地図にまとめることができました。日本は山がちで平野が少ないという特色を理解することができました。

「国土の気候の特色」の学習では、各地の気温や降水量を調べ、日本は季節風の影響により気候の違いが生まれたり、四季の変化が生まれたりするといった特色を理解することができました。

「くらしを支える食料生産」の学習では、主な食料の生産地を**地図**や統計資料から読み取り、白地図にまとめました。生産される食料と生産地の気候の関係についても理解することができました。

「くらしを支える工業生産」の学習では、工業の種類や工業生産の分布をグラフから読み取り、日本の工業生産の特色について理解を深めることができました。

「工業生産を支える輸送と貿易」の学習では、統計資料から必要な情報を読み取り、輸送や貿易によって日本の工業生産が支えられていることを理解することができました。

「**情報産業**とわたしたちのくらし」の学習では、テレビ局の人たちは、分かりやすい情報を早く、正確に届けるためにさまざまな工夫や努力をしていることを理解することができました。

「環境を守るわたしたち」の学習では、○○川がきれいになるまでの流れを**年表**やフローチャート図に表し、プレゼンテーションソフトを使ってまとめることができました。

「わたしたちの生活と森林」の学習では、森林を守り育てるために働いている人々がいることや、森林のさまざまな働きによって私たちの国土が守られていることを理解することができました。

インターネットを使って調べる活動では、検索ワードの入力の仕方や検索結果の中からホームページを選ぶときの基準を指導したことで、必要な情報を集めることができるようになりました。

たくさんの資料を読み取ることに苦手意識を感じていましたが、グラフや表の読み取り方を指導したことで、資料が表していることを読み取ることができるようになってきました。

「自動車をつくる工業」の学習では、教科書や資料集だけでは理解することが難しかった流れ作業の様子について、実際に見学することで理解を深めることができました。

地図帳の使い方に課題があったので、正しい使い方を指導しました。調べたい都市を索引を使って探すことで、短時間で見つけることができるようになりました。

学習したことを新聞にまとめる活動では、学習したことを一緒に振り返り、確認することで、見出しを考えたり新聞に載せるのに必要な資料を選んだりすることができました。

◆「思考・判断・表現」に関わる文例

特性
キーワード
気候と人々の暮らしについて発表／米農家について発表／水産業について発表／自動車産業について発表／工業生産の発展について思考・表現

「低い（高い）土地のくらし」の学習では、○○市の地形の様子と人々の暮らしや産業の様子について調べたことを関連付け、考えたことを学習問題のまとめとして表現しました。

「あたたかい（寒い）土地のくらし」の学習では、○○市の気候と人々の暮らしや産業の様子について調べたことを関連付け、考えたことを学習問題のまとめとして表現しました。

「米づくりのさかんな地域」の学習では、農業の仕事の工夫や努力と○○市の自然条件や消費者の需要を関連付けて、米づくりに関わる人々の働きを考え、表現することができました。

「水産業のさかんな地域」の学習では、水産業の仕事の工夫や努力と自然条件や消費者の需要を関連付けて、水産業に関わる人々の働きを考え、表現することができました。

「これからの食料生産とわたしたち」の学習では、日本の食料生産が抱える課題に対して、どのような取り組みが必要なのかを考え、まとめることができました。

「自動車をつくる工業」の学習では、**自動車工場**や関連工場の様子について調べることを通して、自動車会社で働く人たちの工夫や努力について考え、学習問題のまとめとして表現しました。

「これからの工業生産とわたしたち」の学習では、伝統工業や中小工場について調べ、これからの工業生産がどのように発展していくのかを考えることができました。

「わたしたちの生活と森林」の学習では、天然林と人工林について調べたことの中から相違点や共通点を見いだし、森林資源の働きと私たちの生活との関連について考えることができました。

「環境を守るわたしたち」の学習では、環境を改善してきた人々の取り組みについて調べ、調べたことの中から自分が協力できることを考え、表現しました。

学習問題に対する予想を考える活動で生活経験や学習経験をもとに考えることについて助言をしたところ、根拠を明らかにして予想を考えることができるようになりました。

当初は学習して分かったことを結び付けて考えることに課題を感じていました。思考ツールを活用して考えることで、比較、分類、関連付けなどをして考えることができるようになりました。

学習してきたことをただまとめるのではなく、その意味についても考え、まとめるように指導をしたところ、働く人たちの工夫や努力を国民の生活と関連付けて考えることができようになりました。

学習のまとめを書く場面では手が止まってしまい、困っていることが多くありました。黒板を見ながら、何が大切だったか問い掛けることで、自分の考えをまとめることができるようになりました。

◆「主体的に学習に取り組む態度」に関わる文例

特性
キーワード 地図や地球儀を意欲的に活用／農家について意欲的に調査／工場の様子を意欲的に調査／食料問題を積極的に検討／学んだことを生活に生かす

「世界の中の国土」の学習では、日本の位置を**地図や地球儀**を使って意欲的に調べることができました。国土の位置についてさまざまな説明の仕方を考え、友達と交流していました。

「米づくりのさかんな地域」の学習では、毎日食べているお米がどのようにして生産されているのかという問いを解決するために、**米農家**の人たちの仕事の様子を意欲的に調べていました。

「自動車をつくる工業」の学習では、どのようにしてたくさんの部品を短時間で組み立てているのかという疑問をもちながら、工場の様子を意欲的に調べていました。

「これからの食料生産とわたしたち」の学習では、生産者や消費者などさまざまな立場から、**農業や水産業**の発展について考えました。学んだことを生かして考えようとする姿が見られました。

「**情報産業**とわたしたちのくらし」の学習では、ニュース番組が作られる過程を調べるために、取材や編集、放送など調べる場面を考え、計画的に学習を進めていました。

「情報を生かすわたしたち」の学習では、情報を受け取ったり、発信したりするときにはどのようなことが大切なのかを考え、学習したことを生活に生かそうとしていました。

「自然災害を防ぐ」の学習では、近年起きた自然災害の様子から、自然災害を防ぐためにはどのような取り組みが必要なのかと、問題意識をもちながら意欲的に調べていました。

「環境を守るわたしたち」の学習では、環境を守り続けていくために自分たちが協力できることを考えました。環境を守り続けていくためには、多様な人々の協力が大切だと考えるようになりました。

調べ学習に苦手意識をもっていましたが、インターネットを使うことで意欲的に学習に取り組むことができるようになり、より多くの情報を手に入れることができました。

たくさんの**地図や統計資料**を目にするたびに、社会科が苦手だと感じていたようですが、学習を深めていくことで、少しずつ社会の出来事に関心をもつことができるようになってきました。

国土の学習から産業の学習に変わり、興味関心をもって学習に取り組めるようになってきました。産業が私たちの生活に深い関わりをもっていることを理解できるようになったことがきっかけのようです。

今まで関心のなかった社会の出来事に対して、その意味や価値について考え、調べ、理解していくことの楽しみを見いだすことができるようになってきました。

４年生と比べて、学習の範囲が広くなったことで、関心が薄れていたようです。しかし、学習したことと自分たちのつながりに気付いたことで、社会科への学習意欲が高まってきました。

3 「学習面の特性」に関わる文例
（3）**算数に関わる**所見文

◆「知識・技能」に関わる文例

特性キーワード 整数と小数の正しい理解／比例の理解／小数×小数の筆算の理解／図形の性質を理解／偶数・奇数を理解／平均の理解／分数のたし算・ひき算ができる

整数と**小数**の学習では、整数と小数を10倍、100倍、1000倍としたときの位や小数点の移動の仕方を理解し、それらの大きさの数をつくることができました。

直方体や**立方体**のかさの表し方を考える学習では、長さや面積の学習をもとに直方体、立方体の体積を求める公式を理解し、公式を使って体積を求めることができました。

比例の単元では、リボンの長さに伴って代金が変わることを表に表し、そこから比例関係にあることに気付きました。また、同じような比例関係が生活の中にあることにも気付くことができました。

　小数のかけ算の単元では、**整数×小数**の計算のし方から、小数×小数の筆算のやり方を理解し、小数点の位置に気を付けながら正確に計算することができています。

　小数のわり算の単元では、**整数÷小数**の計算のし方から、小数÷小数の筆算の仕方を理解し、商や余りの小数点の位置に気を付けながら、答えを求めることができました。

　形も大きさも同じ図形を調べる学習では、**合同な三角形**のかき方を理解し、**必要な構成要素**を調べて、合同な図形を正確にノートに作図することができました。

　図形の角を調べる学習では、**三角形**の内角の和は180度であることを使い、**四角形**やその他の**多角形**の内角の和の求め方を考え、求めることができました。

　比べ方を考える学習では、**数直線**を使ってどの数が「もとにする数」「比べられる数」なのかを理解し、そこから単位あたりの量を求めるために、正確に立式することができました。

　整数の性質を調べる学習では、整数を2つの集合に分ける方法を考え、そこから整数は**偶数**と**奇数**に類別できることや、その性質についても理解することができました。

　分数と**小数**、**整数**の関係を調べる学習では、整数のわり算の商は分数で表せることを理解できています。そこから小数も分数で表せることに気付き、問題を解くことができました。

　ならした大きさを考える学習では、5個のオレンジから絞ったジュースの量から、1個当たりで絞れる量について考え、そこから「**平均**」の意味と求め方について理解することができました。

「**分数のたし算、ひき算**」の単元では、分母と分子に同じ数をかけても同じ数でわっても、分数の大きさは変わらないことを見出し、そこから通分を使って計算ができることを理解しました。

比べ方を考える学習では、単位量当たりの大きさの理解がやや難しいようです。問題文からどの数が「もとにする数」「比べられる数」なのか、**数直線**を使って見つけるよう支援していきます。

四角形と**三角形**の面積の単元では、まだ求積の公式について理解しきれていない様子が見られます。今後もデジタル教科書などを使って視覚的に考えられるよう、支援していきます。

「**比べ方を考えよう**」の単元では、百分率や歩合の意味とその表し方について不安そうにしている様子が見られました。倍の意味をもとにして考えるよう伝えながら、支援を続けていきます。

割合をグラフに表す学習では、**円グラフ**や**帯グラフ**の特徴について理解できていましたが、その活用方法についての理解は不十分なようで、日々の指導を通じて理解を促しています。

割合や**百分率**について、まだ十分に理解できていない部分があるようです。ぜひご家庭でもお買い物に行くときなどに、割引について一緒に考えてみてほしいと思います。

◆「思考・判断・表現」に関わる文例

特性キーワード 正五角形や正六角形をかく方法を説明／角柱の性質をノートに表現／整数と小数の仕組みを表現／立体の体積の求め方を説明／公倍数の求め方を説明

円周の長さを考える学習では、円の中に入る正多角形の数を増やしていくと円に近づくことに気付き、そこから円周の長さの求め方を分かりやすく説明することができました。

正多角形と**円周の長さ**を考える学習では、**円**を使って**正八角形**をかく方法を考えたり、円の中心の周りを等分する方法で、正五角形や正六角形をかく方法を分かりやすく説明することができました。

角柱と円柱の単元では、底面の位置関係や底面、側面の形、底面、側面、辺の数を調べることを通して、角柱の性質をノートに詳しくまとめることができました。

整数と小数の仕組みをまとめる学習では、整数と小数は 0 から 9 までの数字と小数点を使うと、どんな大きさの整数や小数でも表せることに気付き、表し方を説明することができました。

直方体や立方体のかさの表し方を考える学習では、直方体を組み合わせた立体の体積の求め方を、図形の特徴をもとにして 3 通り考え、説明することができました。

比例の単元では、高さが30cm のときの直方体の体積について、比例の関係を使った求め方を考え、表にない部分の体積の求め方を、分かりやすく説明することができました。

帯グラフと円グラフの学習では、どちらも全体に対する部分の割合が視覚的に捉えやすいという良さに気付き、学級の「好きな給食のメニュー」を円グラフで表すことができました。

小数のかけ算の単元では、小数×小数の計算をする際、小数点の位置をどこにもってくればよいかを、かけ算の性質をもとに分かりやすくまとめることができました。

小数のわり算の単元では、小数÷小数の計算をする際、小数点をどのように移動し、また余りの数をどう表すかについて、わり算の性質をもとにノートにまとめることができました。

小数の倍の単元では、倍を表す数が小数の場合も、基準量を求めるには、□を使ってかけ算の式に表して考えればよいことを、ノートに数直線をかいてまとめることができました。

図形の角を調べる学習では、合同な三角形のかき方を 3 通り考え、それぞれのかき方でどの辺や角を使っているかを整理し、すべての要素を使わなくてもかけることを説明することができました。

図形の角を調べる学習では、プログラミングソフトで**多角形**を画面上に書いてみるという活動を行いました。トライ&エラーを繰り返し、プログラムが完成したときはとても満足そうでした。

整数の性質を調べる学習では、2つの数の**公倍数**の求め方を活用して3つの数の公倍数を簡単に求められる方法を考え、学級の友達に説明することができました。

平均を求める学習では、自分の一歩の歩幅を平均の考えを使って求め、それを使って距離を調べる学習をしました。自力解決は難しかったものの、友達の助言を受けて求めることができました。

分数と**小数**、整数の関係を調べる学習において、小数を分数で表す方法や分数を小数で表す方法について、まだ不安があるようです。それぞれノートにまとめてみるよう助言をしています。

ならした大きさを考えようの単元では、自分の1歩の歩幅を**平均**の考えを使って求め、それを使って距離を調べる学習をしました。友達の助言を受けて、求めることができました。

分数のたし算、ひき算の単元では、通分についての理解がまだ不十分なようでした。通分の意味についてもう一度復習し、ノートにまとめてみるよう指導をしています。

割合の単元では、式で求める前に**数直線**で問題を整理しました。数直線について少し苦手意識があるようで、数直線で自分の考えを整理できるよう支援を重ねています。

多角形と**円**を詳しく調べる学習では、**円周**の長さを求める問題の計算で悩んでいました。円周率の「3.14」を「3」として計算することで、およその面積を求めることはできています。

◆「主体的に学習に取り組む態度」に関わる文例

特性キーワード 　図形の性質に興味をもって学習／割合の学習に意欲的／円周を求める学習に関心／練習問題に積極的に取り組む／楽しそうに学習／ノートにびっしりと記述

図形の角を調べる学習では、形も大きさも同じ**四角形**が敷き詰められる理由を考える活動において、どんな形の四角形でもその法則が成り立つ理由を興味深く考える様子が見られました。

三角形や**平行四辺形**の面積の求め方を考える学習では、紙を切って並べることで既習の公式が使えることに気付き、意欲的に問題文に取り組むなど学習活動に励んでいました。

平均の学習では、単元の学習のまとめに自分の一歩の歩幅を平均の考えを使って求め、それを使って**下校時**に通学路のおよその距離を計算して出したことを教えてくれました。

割合の学習では、割合が「パーセント」だけでなく、「割」「分」「厘」でも表せることに興味をもち、野球クラブでの自分の打率を計算して教えてくれました。

円周の長さを求める学習では、**円**の形をしたいろいろな物の直径と円周の長さの関係を調べる活動において、巻尺で測った値と計算で求めた値がぴったり合うことにとても驚いていました。

整数と**小数**のしくみの学習では、小数を10倍、100倍、1000倍するとそれに伴って小数点が右に移動することに気付き、練習問題に積極的に取り組む姿が見られました。

直方体や**立方体**のかさの表し方を考える学習では、直方体を組み合わせた立体の体積の求め方を、図形の特徴をもとにして考える活動に楽しそうに取り組んでいたのが印象的でした。

比例の学習では、比例の関係を活用して階段の段数から床の高さを求める問題に意欲的に取り組んでいました。問題が解けたときには、とても満足そうな顔を見せてくれました。

比例の学習では、自分の得意なお菓子づくりの材料を量るときにやっていたのが、比例の関係であることに気付いたと、**授業の振り返りの場で**発表してくれました。

小数のかけ算の学習では、**整数**について成り立つ交換、結合、分配法則は、小数の場合でも成り立つことを考える活動において、「パズルを解くみたい」と、とても意欲的に取り組んでいました。

合同の学習では、合同な**三角形**のかき方をもとに、合同な**平行四辺形**のかき方を考える活動の際、何通りもかき方を考え、それらをノート１ページにびっしりと書いていました。

三角形や**平行四辺形の面積**の求め方を考える学習では、図では理解が難しいようでしたが、実際に紙を切って並べてみることで、それまでの**四角形**の面積の求め方が使えることに気付いたようでした。

小数のわり算の学習では、わり算に苦手意識があるようで、あまり意欲的ではありませんでしたが、復習をするうちに徐々にコツをつかんでいったようで、解けるようになりました。

分数の足し算・引き算の学習では、通分の意味が分からず、やる気が出ない時期も見られましたが、分母同士をかければ計算ができることに気付き、自力で解けるようになりました。

整数の性質を調べる学習では、**約数**と**倍数**の求め方の違いが分かりにくかったようで、問題を解こうとしない様子も見られましたが、整理して理解してからは、少しずつ意欲が出てきました。

分数と**小数**、**整数**の関係を調べる学習では、小数の商を分数で表す方法が分からず悩んでいるようでしたが、わり算の式から分数が求められることを思い出し、解けるようになりました。

比べ方を考える学習では理解が難しかったようで、問題を放棄してしまう場面も見られましたが、一緒に具体物を使いながら考えることで、少しずつ**授業**に参加できるようになってきました。

（4）理科に関わる所見文

◆「知識・技能」に関わる文例

特性キーワード 天気について理解／メダカの卵を観察・記録／顕微鏡を正しく使用／台風の進路を理解／流水の仕組みを理解／電磁石の性質を理解／振り子の性質を理解

流れる**水**の学習では、興味をもって学習に取り組んでいました。流水における大地の侵食の様子について、タブレット端末で映像をたくさん見て、理解を深めていました。

天気の学習では、たくさんの雲に興味をもってスケッチし、おぼえることができました。天気の変化と雲の様子の関係について着実に理解をすることができています。

人の誕生の様子について、教科書だけではなく、タブレット端末の CG 画像やアニメーションなどを使って一生懸命調べました。そのおかげでよく理解できています。

メダカの学習では、**顕微鏡**を正しく使い、メダカの卵の様子を丁寧に記録することができました。その様子から、卵の中でメダカの体が徐々にできてくることを理解することができました。

天気の変化と雲の関係について、タブレット端末で気象衛星雲画像とアメダス雨量情報を組み合わせてまとめました。グループ発表も上手に行うなど、しっかりと理解していることが分かります。

花粉を調べる学習では、**植物**によって花粉の形が違うことに感動していました。**顕微鏡**の使い方をしっかりと覚え、上手に**観察**することができました。友達にも使い方を教えることもできました。

台風と**天気**の変化を調べる学習では、すすんで学習に取り組みました。インターネットを用いて、幾つもの台風の動きを調べ、台風の進路について理解することができました。

流れる**水**の働きの学習では、**実験**に意欲的に関わり、記録を熱心にとりながら流水の作用である「浸食」「運搬」「堆積」の仕組みについて、理解することができました。

物の溶け方の学習では、**食塩**の量を正確に計りながら**実験**を行うことができました。物が水に溶ける量には限りがあることや物によって溶ける量が違うことを実験を通して学びました。

電磁石の学習では、コイルを丁寧に作り、電磁石の強さを調べる**実験**を正確に行うことができました。コイルの巻き数と磁力の強さの関係について、みんなの前で堂々と発表できました。

振り子の学習では、振り子の長さによって周期が変わることを、**実験条件**をそろえて調べることができました。学習したことをもとにメトロノームの仕組みについて説明することができました。

発芽と成長の学習では、興味をもって**実験**に取り組んでいました。発芽や成長に必要な条件について、もう一度教科書やタブレット端末で復習すると、さらに理解が深まることでしょう。

台風の動きの学習では、すすんで学習に取り組んでいました。台風の動き方の決まりについて、タブレット端末の動画やアニメーションを見て復習するとさらに理解が深まるでしょう。

花粉を調べる学習では、興味をもって花粉の様子を**観察**していました。教科書で花のつくりや名称、花粉の役割について確認することで、受粉の仕組みについて理解することができるでしょう。

流れる**水**の働きでは、友達と協力して**実験**を行うことができました。流れる水の働きの3作用「侵食」「運搬」「堆積」について、その意味を確認しておくとよいでしょう。

電磁石の学習ではコイルづくりに一生懸命取り組みました。電流の強さやコイルの巻き数が磁力を強めることにどのように関係しているのか、再度確認しておくとよいでしょう。

◆「思考・判断・表現」に関わる文例

特性キーワード 天気の変化を予想／発芽条件について検討／実験条件や実験方法を探究／台風の備えについて話し合い／実験方法を工夫

振り子の決まりを調べる活動では、1往復する時間を測定するだけでなく、タブレット端末で実験の様子を撮影し、それらを比べることで、考えを深めることができました。

天気の学習では、雲の動きと天気の変化について、西の地域の天気の様子を見て、今後の天気の変化をしっかり予想することができました。予想が当たると、とても喜んでいました。

流れる水の働きの学習では、実験の様子をタブレット端末で撮影し、それらをもとにグループでの話し合いを通して、二つの働きである侵食、運搬、体積について考えることができました。

植物の発芽を調べる学習では、発芽する条件を調べるため、今までの学習経験をもとに実験計画を立てることができました。実験結果から発芽に関係する条件を導き出し、まとめることができました。

魚の誕生の学習では、たくさんのメダカの卵をタブレット端末を使って撮影し、それらを並べ替えたり、組み合わせたりすることで、卵の中で魚が育つ様子をまとめることができました。

植物の結実を調べる学習では、友達と相談しながら、適した実験条件や実験方法について考えることができました。自分が考えた実験方法で成功した際は、とても喜んでいました。

台風と天気の変化の学習では、台風の動きについて、学習したことをもとに予想することができました。台風の備えについても、友達と相談しながら、しっかり考えることができました。

流れる水の働きの学習では、自分の予想を確かめるために、実験方法を考えて実験を行い、結果から流水の働きは水の量と土地の傾きによって変わることを結論付けることができました。

物の溶け方の学習では、グループで相談して**実験**計画を立てて、活動することができました。生活経験をもとに予想をしっかりと立て、結果をもとに問題に対して考察を行うことができました。

電磁石の学習では、**実験**結果をもとに、コイルの巻き数や**電流**の強さによって磁力を強めることができることを結論付けることができました。学んだことを通して一番強い電磁石を完成させました。

振り子の学習では、振り子の周期を変えている原因を調べるため、振り子の「長さ」「重さ」「振れ幅」というポイントに絞って**実験**計画を練り、適切に条件をそろえて実験を行うことができました。

花粉の観察に、真剣に取り組んでいました。タブレット端末の**実験**結果の写真や友達の発表カードをもとに受粉と結実の仕組みについて再度確認することで、さらに定着が図れると考えます。

植物の発芽を調べる学習では、思わぬ**実験**結果に毎回目を輝かせていました。一つの条件だけを変え、他は同じ条件にして実験を行う意味をもう一度確認しておきましょう。

流れる**水**の働きの学習では、楽しんで**実験**に参加していました。予想の立て方については、タブレット端末の友達の発表カードを参考にするとさらに思考が深まることでしょう。

物の溶け方の学習では、楽しみながら**実験**を行うことができました。自分の予想を確かめるために、どのような実験を行えばよいかを考えることができるように、今後も支援を重ねます。

電磁石の学習では、作成したコイルで電磁石の性質を何度も確かめていました。**実験**結果から何がいえるのか、じっくりと考える習慣が身に付くように、サポートをしていきます。

振り子の学習では、友達と協力して**実験**を行うことができました。実験結果の表やグラフから、共通点や差異点を見つけ出すことができるように、今後も声掛けをしていきます。

◆「主体的に学習に取り組む態度」に関わる文例

特性キーワード 天気について意欲的に調査／興味関心に基づいて花粉を採取／学んだことを実生活に応用／すすんでグループで相談／グループで協力して活動

電磁石の学習では、興味をもって学習に取り組んでいました。日常生活の中で使われている電磁石をタブレット端末でたくさん調べ、**朝の会**のスピーチでは友達の前で上手に発表していました。

天気の学習ではすすんで学習に取り組み、意欲的に調べていました。気象衛星の画像に興味をもち、毎朝テレビでチェックし、雲の様子と天気の変化について、うれしそうに報告してくれました。

振り子の実験では、自分の予想とは違った結果が出てもうまくいかなかった理由を自分で考え、諦めずに何度も実験を行い、粘り強く調べることができました。

植物の発芽を調べる学習では、すすんで**実験**に取り組んでいました。実験結果がうまくいかなかった際は、班の友達とその原因を突き止めて再度実験を行い、成功させることができました。

流れる**水**の学習では、防災についてとても興味をもっていました。水害を防ぐ方法をタブレット端末で調べ、グループ発表ではとても意欲的に発表することができました。

花粉を調べる学習に、とても興味をもって取り組むことができました。「他の花粉も調べてみたい」と、校庭のさまざまな花から花粉を採取し、夢中になって**観察**していました。

台風と**天気**の学習では、意欲的に**授業**に取り組みました。台風による災害から生命を守るために、自分たちができることについて真剣に考え、話し合っている姿が印象的でした。

流れる**水**の働きの学習では進んで学習に取り組みました。洪水や津波などの災害から自分の命を守る方法について熱心に考え、クラスのみんなに堂々と発表することができました。

物の溶け方の学習ではすすんで**実験**を行うことができました。学んだことを通して、ジュースやみそ汁など身近にある**水溶液**に興味をもち、何が溶けているのか疑問を膨らませていました。

電磁石の学習では、とても意欲的に活動していました。コイルづくりに何度も失敗しながらもあきらめずに取り組み、見事完成させたときの笑顔は強く印象に残っています。

振り子の学習では、自分から率先して取り組むことができました。**実験**ではうまくいかなかった原因をグループのみんなと相談して突き止め、実験を成功させることができました。

メダカの**観察**では、頑張って観察することができました。タブレット端末の映像やイラストなどを見て、生き物に少しでも興味関心を深めてくれればと思います。

植物の発芽を調べる学習では、一生懸命取り組みました。**実験**がうまくいかない場合は、その理由を考えて、再度実験に取り組む姿勢が身に付くと、今後の学習に生きてくるでしょう。

理科の学習では**実験**に楽しんで参加しています。**台風**の動きについては、タブレット端末の映像やシミュレーションソフトを使って復習すると、さらに意欲的に取り組めるでしょう。

流れる**水**の働きでは、グループで協力して**実験**を行うことができました。学んだことを通して、自分の暮らしについて見つめ直し、災害について考えを深めることができるとさらに良いでしょう。

電磁石の学習では、電磁石の性質にとても感心していました。**実験**の目的について、確認しながら取り組み、友達と協力して実験を行うことができるように、今後も声掛けを重ねます。

振り子の学習では、振り子の性質を楽しみながら学ぶことができました。**実験**結果をしっかりと記録し、てきぱきと実験を行うことができるようになると、成績の向上につながることでしょう。

（5）音楽に関わる所見文

◆「知識・技能」に関わる文例

特性キーワード シロフォンの演奏をマスター／楽器の音色や演奏の仕方を理解／楽器の特質を理解して演奏／音色や響きに気を付けて演奏

器楽合奏の学習では**シロフォン**を担当し、難しい旋律もすぐにマスターして安定した音色を響かせました。**歌唱**の学習にも意欲的に取り組み、体全体で歌を表現しようとする姿が光っていました。

弦楽器の学習では、「この音は何の楽器？」「どうやって**演奏**するの？」と興味津々に学習に取り組んでいました。弦楽器の音色や響き、音楽の縦と横との関係についても理解を深めました。

木や金属、皮などの材質の物から、生じる音の響きを生かして音楽を作ることができています。活動の面白さを感じながら、音楽づくりに取り組むことができました。

「キリマンジャロ」では曲想を生かして**合奏**することができました。楽器の音色やリズム、旋律や音の重なりなどについて理解し、クラス全体の響きを聴いて**演奏**することができました。

楽器の音色や**演奏**の仕方に興味をもって取り組みました。自分が表したい思いや考えをしっかりともち、音色や響きに気を付けて演奏し、他の楽器との関係性も意識することができています。

リコーダーの指使いや奏法に少し苦手意識があるようですが、**休み時間**や**授業中**の個人練習の際には、諦めずに粘り強く練習している姿が見受けられて感心します。

「威風堂々」の**合奏**でハ長調の楽譜を見て旋律楽器の**演奏**ができましたが、ヘ音記号や和音の楽譜には難しさを感じている様子が見られました。楽譜を読みながら演奏しようと努力する姿は立派です。

ト音記号は楽譜を見ずに抵抗なくできましたが、ヘ音記号や和音の楽譜には難しさを感じている様子が見られました。楽譜を見ながら一生懸命音を合わせて**演奏**しようと努力する姿が素晴らしいです。

◆「思考・判断・表現」に関わる文例

特性キーワード 歌唱の仕方を工夫／オリジナルの旋律を作って表現／オリジナリティにあふれた旋律を制作／自分の思いや意図が聞き手に伝わるように表現

歌唱の学習では、自分のパート以外の友達の声をよく聴いて、自分はどんな声を出したら良いかを常に考える姿が見られました。力強い歌声としなやかな歌声を上手に使い分けていました。

「音階の音で**旋律づくり**」の学習では、日本の音階の面白さを感じ取り、オリジナルの旋律を作って楽しそうに表現していました。旋律の音の上がり下がりやつなげ方を工夫して発表できました。

「**旋律づくり**」の学習では、実際に演奏して録画し、動画で確かめていました。友達が作った旋律と自分が作った旋律をつなげると面白いことを発見し、思いや意図をもって旋律を完成させました。

「**冬げしき**」では曲の特徴を理解して、自分の思いや意図が聞き手に伝わるような表現をしようとする意欲が見られました。フレーズを意識した歌い方がとても上手です。

鑑賞の学習では、身体を使って音楽を楽しんでいます。友達の発表やキーワードをヒントにしながら、旋律の重なり方など曲全体を聴いて感じたことを言葉で表現できるよう支援していきます。

◆「主体的に学習に取り組む態度」に関わる文例

特性キーワード 友達と協働して歌唱／音楽表現の楽しさを満喫／仲間と協働して演奏／オーケストラとピアノ独奏の違いに興味関心／主体的に鑑賞

卒業式の歌の練習では、歌詞に込められた思いを大切にしながら、自分の思いを重ねて歌唱に取り組みました。より美しいハーモニーを追求しながら、友達と協働して歌い上げることができました。

作詞者に思いを馳せつつ、自分の思いを重ねて**音楽会の歌唱**に取り組みました。より美しいハーモニーを追求しながら友達と協働して歌い上げることができました。

器楽合奏の学習では、より良いものを目指して、意見をたくさん出しながら練習に取り組んでいました。学習を通して、友達と心を一つにして音楽を表現する楽しさを感じられました。

音楽会の**合奏**練習では、旋律と和音、低音の重なりによる響き合いの効果を感じながら練習しました。仲間と協働して**演奏**する楽しさを味わうことができました。

「日本の音楽に親しもう」では、琴や尺八の音色を味わって聴いたり、郷土の音楽に興味関心をもったりしました。タブレット端末を使って民謡を検索し、主体的に多くの音楽に触れていました。

オーケストラとピアノ独奏を聴き比べ、それぞれの**演奏**の特徴に興味関心をもちました。友達と気付いたことや感じ取ったことを交流しながら、主体的に**鑑賞**することができました。

卒業式の歌の練習では、自信をもって自分のパートを歌うことができました。他のパートの声にも耳を傾けていくと、さらに曲全体の感じをつかみ、思いを込めて歌えるようになるでしょう。

3 「学習面の特性」に関わる文例
（6）図画工作に関わる所見文

◆「知識・技能」に関わる文例

特性キーワード 電動糸のこぎりの使い方を理解／素材に合わせて工作／彫刻刀の使い方をマスター／材料の特性を理解して制作

「糸のこの寄り道散歩」では、電動糸のこぎりの使い方に慣れ、思いのままに木を切ることができました。曲線も滑らかに切ることができ、友達にコツを優しく教えていました。

「見つけて！ワイヤードリーム」では、針金やペンチの使い方に慣れ、針金をねじったりより合わせたりしてできた形を楽しむことができました。太さの違う針金の組み合わせも効果的でした。

「色を重ねて広がる形」では、彫刻刀の使い方に慣れ、表したい線や面に合わせて彫刻刀を選ぶことができていました。刷る際には、グラデーションや混色で好きな色を楽しみながら作っていました。

「形を集めて」では、タブレット端末で描いた形や色、大きさを変化させて、動きやバランスを決めて並べ方を工夫しました。カラーペンの鮮やかな色彩を生かして、奥行のある作品になりました。

「形を集めて」では、色や大きさを徐々に変化させながら、少しずつ重ねて渦状に並べ、吸い込まれるような様子を根気強く表していました。美しい表現に友達からも称賛の声があがりました。

「進め！ローラー大ぼうけん」では、ローラーの技をたくさん試し、それを組み合わせて新しい表現を見つけていました。インクの混ざり具合で偶然できた色や形を楽しむことができました。

「光と場所のハーモニー」では、Viscuit でのプログラムの作り方を理解し、空間を美しく変える形や色、動きの組み合わせを試しながら見つけ、美しい作品ができました。

「みんなでたのしく、『ハイ・ポーズ』」では、友達にポーズをとってもらい、何度もボールを投げる動きを確認しながら作っていました。動きのある瞬間を切り取ることができました。

「使って楽しい焼き物」では、焼き物の縮む特性を作品例から理解し、大きめに、薄めに作ることを心掛けていました。誰かが使うことを想定しながら、計画的に作ることができました。

「カードを使って」では、友達とアート・ゲームを楽しみました。タブレット端末で美術作品を鑑賞できることで作品の特徴を捉えやすくなり、意欲的に活動に取り組むことができました。

◆ 「思考・判断・表現」に関わる文例

 特性キーワード 試行錯誤しながら表現／細かい部分にこだわって表現／動きを考えながらアニメーションづくり／写真から自由に想像を広げて創作

「ミラクル！ミラーステージ」では、鏡に映すと見え方が変わる面白さに気付きました。鏡の向きや映り方を何度も何度も試しながら作り、奥行を生かした作品を完成させました。

「消してかく」では、Web 上の「みんなの図工ギャラリー」をヒントに、コンテの色や消しゴムで消す濃淡など、表現の工夫を自分のイメージに合うよう選び、組み合わせて表すことができました。

「消してかく」では、力の入れ具合でできる線が変わることに気付きました。表したい線や形になるよう何度も試行錯誤し、微妙な濃淡にこだわって、活動する姿が見られました。

「あったらいい町、どんな町」では、想像した町に合う表現方法は何かを考えながら、画材や色を吟味していました。お試し用紙を使って、気に入った色ができるまで熱心に色づくりをしていました。

「地球は大きなキャンバスだ」では、遠くから見たり、上から見たりして、常に全体のバランスを考えながら活動していました。自然の色の多彩さに気付き、色の違いを生かすことができました。

「形が動く絵が動く」では、コマ撮りアニメーション制作アプリを見事に使いこなしていました。イメージをどんどん膨らませて、何度も試しながら想像力豊かな作品を仕上げました。

「形が動く絵が動く」では、ジャンプして飛んでいるようなアニメーションを作りました。友達と向きや動きを何度も確かめ、やり直しながら作品づくりに取り組みました。

「まだ見ぬ世界」では、写真から自由に想像を広げました。今まで学習したモダンテクニックの技法から、風や光を感じる表現を見つけようと試しながら作品を仕上げました。

「ほり進めて刷り重ねて」では、どの順番で彫り、どの順番でどの色で刷るのかを整理するのに苦労していました。ワークシートを活用し、プログラミング的思考を働かせて良い作品ができました。

「そっと見てね、ひみつの景色」では、箱の中の世界を決める際、図書室にアイデアを探しに行きました。好きなお話の世界とテーマを決めた後、奥行きを意識した作品を作り上げました。

◆ 「主体的に学習に取り組む態度」に関わる文例

特性キーワード 自分の作品を客観的に見て調整／グループの意見を取り入れて活動／多様な視点を発見／発想を刺激し合いながら活動／表現する楽しさを体感

「わくわくプレイランド」では、途中で友達と遊んだときに、自分の作品が複雑過ぎることに気付きました。誰でも楽しめるようにと、自分の作品の難易度を再調整する柔軟性があります。

「My キャラが動き出す」では、グループみんなの意見が取り入れられるよう、中心になってまとめる姿が見られました。友達に声を掛け、時間内に終わるよう計画的に進めることができました。

「比べてみよう」では、2点の作品を対比しながら**鑑賞**し、友達と見つけた共通点や相違点を話し合うことで、作品の見方を広げることができました。友達と自分の視点の違いにも気付けました。

「比べてみよう」では、作品の相違点には多様な視点があることに気付き、作品の見方を広げることができました。振り返りカードには、これから作品を見る際にも生かしたいと書かれていました。

「同じもの、たくさん」では、たくさんの材料を集め、そこから何ができるかを考えることができました。広い場所を提案し、友達とコミュニケーションを取りながら力を合わせて活動できました。

「同じもの、たくさん」では、同じグループの友達とコミュニケーションをとりながら、主体的に活動に参加する姿が見られました。発想を刺激し合いながら、活動することができました。

「わたしのおすすめ」では、社会科と関連して特産物を紹介したいという思いをもって取り組みました。偶然垂れてしまったにじみを失敗とせず、新しい発想に結び付けることができました。

「でこぼこの絵」では、切った板の組み合わせを楽しむうちに、どんどん構想が変化していきました。練習で彫刻刀で彫った板や捨てる予定だった板が、思いがけず良い発想に結び付いていました。

「コロがるくんの旅」では、同じ班の友達と転がり方を試しながらコースのアイデアを出し合い、一番長いコースができました。協力して活動する楽しさやできたコースで遊ぶ喜びを感じていました。

「あんなところがこんなところに見えてきた」では、候補の場所をタブレット端末で撮影し、撮影した写真上にアイデアスケッチを描くことでイメージをもち、活動に参加できるようになりました。

「あんなところがこんなところに見えてきた」では、グループの友達と話し合いながら、活動に参加することができました。他のグループの面白さや良さに気付く観察力や洞察力をもっています。

「絵の具スケッチ」では、「大きな紙より破いた小さい紙の方が描きやすい」と言って、好きな景色をたくさん見つけ伸び伸びと描いていました。表現する楽しさを味わっている様子がうかがえました。

3 「学習面の特性」に関わる文例
（7）家庭に関わる所見文

◆ 「知識・技能」に関わる文例

特性キーワード なみ縫いの縫い方を理解／ミシンの扱いが上手／調理器具の安全な使用法を理解／計量スプーンを正しく使用／正しい手順で調理

なみ縫いの縫い方を理解して、縫い目をそろえて縫うことができました。小物づくりにも意欲的に取り組み、名前の縫い取りやボタンを付けて製作することができました。

ミシンの扱いに慣れ、丁寧に完成させることができました。友達に作業の手順や縫い方のポイントを教える姿からも、ミシンの使い方を理解していることが分かります。

「クッキングはじめの一歩」では、調理の手順と調理器具の安全な取り扱い方を理解して実習を行い、ゆで野菜サラダの調理手順を端末のスライドにまとめることができました。

調理の手順と調理器具の安全な取り扱い方を理解して**調理実習**を行うことができました。計量スプーンを正しく使ってソースの分量を量ることができました。

事前に米と水の分量や給水時間による違い、みそ汁の具をインターネットで調べ、気を付けることをグループで確認しました。調べたことを活かして、炊飯やみそ汁を作ることができました。

調理実習では、グループで確認しながら米と水の分量や吸水時間、加熱の仕方に気を付けてご飯を炊くことができました。みそ汁の調理では、具の組み合わせを考えて作ることができました。

五大栄養素の種類と働きについて、グループで確認しながら献立の食品を分類することができました。**調理実習**では、友達と調理の手順を確認しながらご飯とみそ汁を作ることができました。

タブレット端末の動画でミシンの扱い方を何度も確認し、縫い始めや返し縫いを意識しながら直線縫いをすることができました。縫い直すこともありましたが、諦めることなくやり遂げました。

ミシンの扱いに不安があったようですが、友達に教えてもらうことで直線縫いをすることができるようになりました。縫い直しをすることもありましたが、諦めることなく最後までやり遂げました。

◆「思考・判断・表現」に関わる文例

調理実習では、実習の手順や青菜をゆでる前と後のかさの違いについて、ノートに分かりやすくまとめることができました。盛り付けについてもグループで話し合うことができました。

「整理・整とんで快適に」では、班でデジタル掲示板に整理整頓の方法について意見を出し、話し合いました。そこから、自分の持ち物を使いやすくする方法を考えることができました。

自分の持ち物を使いやすくするための方法を考えることができました。いらないものをリサイクルしたり、使いやすくする道具を作ったりするといった工夫についても話し合うことができました。

「生活を支えるお金と物」では、身近な物の選び方・買い方について考え、購入の際の判断基準を作成して、端末のスライドを使って分かりやすくまとめることができました。

金銭の使い方について、自分の生活との関わりから、計画的な使い方や買い物の仕方を考えることができました。購入の際の判断基準を作成し、実践につなげることができました。

なみ縫いや返し縫いを使ってできる小物の作り方を考えることができました。入れる物に合わせた大きさを考えて、ティッシュケースを製作することができました。

「できるよ、家庭の仕事」では、自分にできる仕事を見つけて実践したことで、できることが増えただけでなく、家族の一員として互いに協力して分担する必要があることに気が付いていました。

家族の一員として分担・協力できる仕事を考え、仕事の手順や方法を知り、計画を立てることができました。実践まで行うことで、新たな学びを得ることができることを伝えました。

◆ 「主体的に学習に取り組む態度」に関わる文例

特性キーワード 家族のためにできることを検討／調理実習にすすんで参加／食品の五大栄養素に興味関心／小物づくりに意欲的に取り組む

「食べて元気に」では、五大栄養素の種類とその働きに関心をもち、栄養バランスの良い食事について考えることができました。調理の手順を理解してご飯とみそ汁を作ることができました。

家庭での仕事について調べる中で、家族が行っている仕事が多いことに気付き、家族のためにできることを考えることができました。それらをもとに長期休業中に実践する計画を立てることができました。

調理実習では、調理をしている間にすすんで洗い物をして効率良く作業をすることができました。家庭での実践にも意欲的に取り組み、実践したことを**自主学習**でまとめることができました。

食品を五大栄養素に分ける作業を通して、三つの主な働きの大切さに興味をもち、バランスの良い献立を考えることができました。夕食の献立を考えて、実践することができました。

なみ縫いやボタン付けに意欲的に取り組み、それらを小物づくりに活かすことができました。インターネットで作り方を調べて、ティッシュケースを製作することができました。

名前の縫い取りやボタン付けに意欲的に取り組むことができました。小物づくりにも興味をもち、図書室の本で作り方を調べてキーホルダーを製作することができました。

「家族の生活再発見」では、グループでデジタル掲示板を使って、調べた家庭の仕事を分担している人ごとに色分けして分類し、そこから考えたことを発表することができました。

自分のことや家庭のことだけでなく、地域の人々との関わりにも目を向けることができました。友達の意見を参考にしながら、自分が地域でできることを考えることができました。

（8）**体育に関わる**所見文

◆ 「**知識・技能**」に関わる文例

特性
キーワード　水泳が得意／新体力テストで好記録／マット運動で正確な演技／持久走で好記録
／サッカーで活躍／跳び箱が上手／安全の重要性を理解

体育の「ハードル走」では、なるべく高く跳ばないように意識すること
が速く走るコツだと理解することができました。その結果、リズミカル
に跳び越えられるようになりました。

水泳がとても得意で、平泳ぎ・クロールともに100mを泳ぎ切ることがで
きました。泳ぐフォームがとてもきれいで、友達の手本となって泳ぐこ
とができました。

運動面では、体力向上のために毎朝の自主マラソンにいつも全力で真剣
に取り組んだ結果、**新体力テスト**の「20mシャトルラン」で93回という
好記録をマークしました。

運動全般が得意で、特に跳躍力に優れています。100m走や50m走では、
勢い良くスタートし、全身のバネを使って走り切る姿が見られるなど、
クラスの注目を集めていました。

体育の「マット運動」では「開脚前転」に挑戦しました。前転で学んだ
首の後ろをつける技術を生かし、回転と開脚が調和した美しい技を完成
させることができました。

体育の「ソフトバレーボール」では、レシーブをする際、ボールの勢い
を上手に抑え、ふんわりとした柔らかいトスを上げることで、得点につ
なげることができました。

体育の「持久走」では、最初に上げたスピードをどれだけキープできる
かを繰り返し練習しました。持久力とスピードを向上させた結果、**持久
走大会**で満足のいく結果が得られました。

体育の「サッカー」では、自分がボールキープをした際、ボールを持っていない仲間の動きをよく見てパスを出し、そこから得点につなげることができました。

体育の「サッカー」では、チームの司令塔となり、空いたスペースにパスを出したり、ボールを取られないよう上手な足さばきを見せたりと、大活躍することができました。

体育の「跳び箱運動」では、伸膝台上前転を成功させるために、タブレット端末で自分の姿を録画しました。技の成功のために、腰を高く上げることが大事だと気付き、成功させることができました。

体育の「跳び箱運動」では、持ち前のバネを生かして「台上前転」の発展技である「首跳ね起き」を成功させることができました。友達の前で披露し、称賛されました。

保健の学習で行った「けがの防止」では、交通事故や学校生活の事故を防ぐためには、周囲の環境を安全に保つことが重要だということを理解することができました。

当初は、すり傷を水で洗うことに抵抗を感じていましが、保健で「けがの手当」を学習し、各種けがへの適切な対処方法について学びを深めたことで、対応に変容が見られました。

保健の学習で行った「けがの手当」では、簡単な手当ての方法だけでなくけがの種類によって適した処置の方法があることを知るなど、深く学ぶことができました。

体育の「跳び箱運動」では、かかえ込み跳びに挑戦しました。最初は足を閉じて跳ぶことに恐怖心がありましたが、跳び箱の上に足の裏を付けて乗る練習を繰り返すことで克服することができました。

体育の「短距離走」では、スタートで出遅れることがありましたが、姿勢を前に傾け、勢い良く前へ飛び出す練習を繰り返した結果、徐々に上手にスタートを切れるようになりました

◆「思考・判断・表現」に関わる文例

特性キーワード 工夫してハードルを跳躍／課題を踏まえて練習／効率性を考えて練習／映像を見ながら説明／友達と意思疎通しながらダンス／自身ができたことを記録

体育の「バスケットボール」では、ボールを持っていないときにゴール下に走り込んでパスを受け取ることで、スムーズにシュートにつなげられることに気付き、実践することができました。

体育の「ハードル走」では、リズミカルに走り越えるために、ハードル間を常に3歩で走ることができる6mの場を選び、タイムを縮めていくことができました。

体育の「走り幅跳び」では、踏切に課題があることに気付きました。タブレット端末で友達に踏切の瞬間を撮影してもらい、跳躍の角度を意識することで、より遠くへ跳べることに気付きました。

体育の「走り高跳び」では、跳躍の際、友達に助走のリズムを口伴奏を使ってサポートしてもらいました。助走のリズムと口伴奏が合う方法をよく考え、記録を伸ばすことができました。

体育の「水泳運動」では、クロールに挑戦しました。前へ効率的に進むには体の芯をまっすぐにした状態がベストであることに気付き、け伸びの練習を振り返っていました。

体育の「水泳運動」では、平泳ぎに挑戦しました。友達と25mの距離を何回ストロークしたかで勝負し、ストロークの長さが勝敗を分けることに気付いていました。

体育の「ソフトバレーボール」では、チームの動きをタブレット端末を使って録画し、ボールのトスの工夫を、録画した映像を見ながら説明することができました。

体育の「表現運動」では、フォークダンスを行いました。マイムマイムやタタロチカなどのダンスを、友達とお互いに見合いながら、動きが合っているかを確認していました。

保健の学習で行った「心の発達」では、不安や悩みなどに対処するさまざまな方法について学び、今の自分に合っている対処法がどれなのかを選ぶことができました。

体育の「マット運動」ではロンダートに挑戦しました。学習カードに示してある技のポイントをよく確認し、できた部分についてはそのポイントを書き記していました。

体育の「鉄棒運動」では、前方支持回転に挑戦しました。体をまっすぐに保って胸を張ると、勢い良く回転できることに気が付き、何回も練習を重ねていました。

体育の「マット運動」では、三点倒立で姿勢の保持を続けるのが難しかったようですが、タブレット端末を使い自分の技の様子を映像で確認したところ、逆さの姿勢を保持する時間が長くなりました。

体育の「リレー」では、バトンパスがタイムを縮めるポイントであることに気付き、走り始めるタイミングを合わせるために休み時間も友達と練習をしていました。

体育の「走り高跳び」では、振り上げた足がバーに当たるのは、足が上がりきっていないことに理由があると考え、家でも柔軟運動をして、足が高く上がるように努力していました。

体育の「リレー」では、バトンパスの際、受け取る手と手の間隔が広いと距離が少し稼げることに気付き、腕をしっかりと後方に伸ばして受け取る練習をしていました。

◆「主体的に学習に取り組む態度」に関わる文例

 特性キーワード 自分の技術を友人に教える／キャプテンとしてチームをリード／安全面への自主的な配慮／苦手意識の克服／意欲的に繰り返し練習

体育の「水泳運動」では、自分の技術を友達に教えることができ、教えた友達が25mを泳ぐことができるようになったときは、本人も同じように喜んでいました。

体育の「バスケットボール」では、体育の**授業**に加え、放課後コツコツと練習に励み、美しいフォームを体得しました。そうした努力の積み重ねは、チームの勝利への原動力となっていました。

体育の「バスケットボール」では、キャプテンとしてチームをリードしたり、日々のシュート練習などで努力を重ねたりしたことで、攻撃の要として活躍することができました。

運動面では1年間しっかりと朝のマラソンを継続し、走力を向上させるとともに気持ちの面でも強くなりました。その気持ちの強さが、他のことへ挑戦する原動力にもなりました。

体育の「サッカー」では、率先してゴールやボールの準備をしていました。キャプテンとして、チームメイトに動きの工夫を教えたり、作戦の指示を出したりすることもできました。

体育の「水泳運動」では、命を守るための学習であることを理解し、一生懸命背浮きに挑戦しました。少しでも長く浮くことを目標にしたことで、少しずつ浮いている時間を伸ばせました。

体育の「走り高跳び」では、振り上げ足が目標の高さのバーに当たってしまうため、家でも柔軟運動を行うなど、足が高く上げられるよう努力することができました。

体育の「走り高跳び」では、友達が落としてしまったバーを戻したり、マットを正しい位置に調整したりするなど、安心して跳べる環境をつくろうとするなど安全面への配慮が感じられました。

体育の「ハードル走」では、自分の歩幅に合った理想のハードル間を理解した上で、リズミカルに同じ足で踏み切れるよう、粘り強く何度も挑戦していました。

体育の「ハードル走」では、なるべく低く走り越えるために、高く跳ばないことを意識して走っていました。意欲的に何本も試してみる中で、少しずつ跳ぶ高さを低くすることができました。

体育の「跳び箱運動」では、「頭跳ね跳び」に挑戦しました。自分にできる高さを調整し、少しずつ高くしていくことで、最終的には6段での「頭跳ね跳び」を成功させることができました。

体育の「跳び箱運動」では、けがの防止のため、跳び箱のセッティングに気を付けていました。マットや踏切板の位置を確認し、ずれていたら直すことができました。

体育の「表現運動」では、体を大きく動かすことに難しさを感じていましたが、タブレット端末を使用して自分の姿を観察し続けることで、腕や足の曲げ伸ばしを意識できるようになりました。

体育の「表現運動」では、最初は踊ることを恥ずかしがっていましたが、音楽に合わせて体を動かす楽しさを感じることができ、少しずつ参加できるようになりました。

体育の「跳び箱運動」では、多くの技ができるようになり、物足りなさを感じていたようですが、発展的な技を知ったことで再びチャレンジ精神が湧き、熱心に取り組むようになりました。

体育の「なわとび」では、縄が当たり痛い思いをした経験から苦手意識がありましたが、練習を繰り返すことで跳べる回数が増えることに喜びを感じていました。

3 「学習面の特性」に関わる文例
（9）外国語に関わる所見文

◆「知識・技能」に関わる文例

特性
キーワード　誕生日の尋ね方を理解／1日の生活を表す表現を理解／行きたい国について会話／物の位置についての表現／レストランでの注文の仕方を実践

「When is your birthday?」の学習では、誕生日の尋ね方を理解し、コミュニケーションの中で誕生日に欲しいものを聞くなど、会話を広げることができました。

「What do you have on Monday?」の学習では、デジタル教科書の音声機能を使って繰り返し教科を表す単語を学び、ALT や友達との会話を楽しむことができました。

「What time do you get up?」の単元では、1日の生活の表す表現を理解し、自分の1日の生活についてスライドを活用して上手にまとめ、発表することができました。

「Where do you want to go?」の学習では、「I want to go to ～」と行きたい国について尋ねたり答えたりすることができ、書き写すこともできました。

「Where is the treasure?」の学習では、宝の地図を読み解く活動で、物の位置を尋ねたり答えたりする表現を上手に使いました。友達に教えてあげている姿も印象的です。

「What would you like?」の学習では、丁寧な表現を使った注文の仕方や、値段を尋ねたり答えたりする会話ができました。ALT とレストランでのやり取りも見事に演じました。

「Where do you want to go?」の学習では行きたい場所についてデジタル教科書の音声を繰り返し聞き、「I want to go to～」の表現に慣れ親しみました。

「Where do you want to go?」の学習では、「I want to go to ～」と行きたい国や地域について尋ねたり答えたりする表現に慣れ親しみました。

「Where is the treasure?」の学習では、「宝の地図を読み解け！」の活動で友達に助けられながら、物の位置を尋ねたり答えたりする表現に慣れ親しみました。

◆「思考・判断・表現」に関わる文例

特性キーワード 会話が続くように工夫／日常生活と関連付けて会話／伝える順番を工夫／クイズでヒントの出し方を工夫／考えながらやりとり

「When is your birthday?」の学習では、誕生日についての会話をする際、欲しいものや好きなものなど、会話が続くよう工夫して取り組むことができました。

「What do you have on Monday?」の学習では、自分の日常生活と関連付けながら、時間割について自分の考えなどを友達と伝え合うことができました。

「What time do you get up?」の学習では、**インタビューゲーム**で友達の家での役割をアプリのカードの中から推測し、質問しながら取り組むことができました。

「I want to go to Italy.」の学習では、おすすめの国を紹介する活動で相手がその国に行きたくなるように、伝える情報の順番やスライドを工夫してスピーチできました。

「Where is the treasure?」の学習では、宝の場所を説明する活動の中で、どうすれば**クイズ**が面白くなるかを考えながらヒントを出す順序を工夫しました。

「What would you like?」の学習では、家族のためにメニューを考えました。必要な料理を揃えるために何を注文するかを考えながらやりとりすることができました。

「I want to go to Italy.」の学習では、おすすめの国を紹介する活動の中で、デジタル教科書のカードを参考にしながら、行きたい国を工夫して紹介することができました。

物の位置と場所の表し方を学習した単元では、教科書の例文を真似しながら、道案内の仕方を考えました。毎時間の宝さがしゲームを積み重ねることで、表現できることが増えてきています。

◆「主体的に学習に取り組む態度」に関わる文例

特性キーワード 積極的なコミュニケーション／積極的に情報収集／ ALT との会話にすすんで参加／スモールトークで積極的に発表／堂々とプレゼンテーション

「When is your birthday?」の学習では、誕生日を聞くだけでなく、コミュニケーションの中で ALT や友達が誕生日に欲しいものを聞くなど、積極的にやり取りができました。

「What would you like?」の学習では、注文の仕方のロールプレイで、より本物の会話に近づけるよう強弱をつけて発話する等、自分なりに工夫をして取り組んでいました。

「Where is the gym」の学習では、道案内をより分かりやすい伝え方で友達に言えないかと考え、何度も試行錯誤しながら意欲的に学習に取り組みました。

物の位置と場所の表し方を学習した単元では、教室にある数々のものを on,in,under,by を使って表しました。困っている友達にも積極的に教えてあげている姿が印象的です。

料理の注文の仕方や値段の尋ね方を学習した単元では、ALT とのデモンストレーションやスモールトークに積極的に参加しました。クラスの友達から拍手をもらい、実にうれしそうでした。

学校生活について扱った学習では、自分の理想の時間割を友達のものと比較しながら聞くことができました。プレゼンテーションする際には、堂々と夢の時間割について語りました。

「Where do you want to go?」の学習では、デジタル教科書の画像を活用しながら、自分が行きたい国について英語でコミュニケーションを図っていました。

物の位置と場所の表し方を学習した単元では、道案内の仕方を友達と一緒に考えました。宝を探すアクティビティでは、場所を尋ねたり答えたりしながらコミュニケーションを取っていました。

(10) **特別活動に関わる**所見文

◆ 「知識・技能」に関わる文例

特性キーワード 短い言葉で的確に分かりやすく伝達／学級会で司会／林間学校で事前によくリサーチ／縦割り活動で下級生に配慮して行動

「がんばったね会」の話し合いでは、工夫してノートに記録しました。タブレット端末の思考ツールを使い、意見の類似や相違を分類しながらモニタに映すことで、考えが整理しやすくなりました。

情報係として、クラスのみんなの役に立つ情報を的確に伝えようと、専科の持ち物のことや時間割のことについて、短い言葉で分かりやすく伝えることができました。

学級会で司会を担当したときには、友達の考えを引き出しながら、意見を整理したり、折り合いをつけられるよう助言したり、みんなが納得がいくよう上手に全体をまとめることができました。

「食事と健康」で学んだことを生かし、**林間学校**では**食事係**を担当しました。栄養バランスを考えて食事を作ることの大切さを思い出し、食材選びを工夫して栄養満点のカレーを作りました。

係活動では、持ち前のアイデアの豊富さを生かし、みんなにアンケートを取って結果をランキングで紹介するなど、自主的に行動する力が身に付いてきています。

自分のしていることが下級生に影響を与えていると気付き、**言葉遣い**や行動を振り返ることができました。上級生として、手本となるような行動をしようとする様子が見られ始めました。

クラブ活動や**委員会活動**で、クラスや学年にとらわれず活動したことで、仲間の大切さを学んだ1年になりました。これからも仲間と協力しながら、何事にも一生懸命に取り組むことを期待しています。

◆「思考・判断・表現」に関わる文例

特性
キーワード 林間学校で友達が安全に活動できるよう工夫／縦割り活動で下級生も楽しめるよう工夫／具体例や根拠を加えて発言／よく考えて発言

係発表会では、それぞれの係の良さを伝えたり、もっとこうしたらとアドバイスをしたりすることができました。クラスがより楽しくなるよう考えた発言で、みんなの意欲を高めました。

林間学校では、実行委員やグループのリーダーを引き受け、一生懸命取り組みました。みんなが安全に楽しく活動できるように、約束の確認や時間の確認など、忘れずに伝えていました。

代表委員という責任ある仕事に立候補し、学校全体に関わる重要な仕事であることを理解しながら、一生懸命取り組んでいます。行事のたびに、常に全校が楽しむことを考える姿勢が立派です。

縦割り活動では、下級生も安心して楽しむことができるように、6年生と協力しながら遊びを考えたり、子ども祭りの準備をしたりとすすんで活動することができました。

学級会では、自分の考えに具体例や根拠を加えて話したり、友達の考えに共感したりしながら参加することができました。全員が納得がいくようにと考えながらの発言は素晴らしかったです。

社会科見学の実行委員として、見学の手順を考えたり、全員が安全に見学できる約束づくりをしたりしました。当日は、先頭に立って人数確認や見学時間の伝達など忘れずに取り組みました。

タブレット端末を使ってデジタル掲示板に入力するという形で、自分の意見を発表することができました。少しずつ自信をつけることで、挙手をしての発言につながるよう励ましていきます。

図書委員として、低学年への読み聞かせのための本選びや、読む練習に一生懸命取り組みました。人前に出るという苦手なことにも前向きに挑戦する様子が見られ、自信をつけ始めています。

◆「主体的に学習に取り組む態度」に関わる文例

特性キーワード リーダーとして自覚をもって行動／熱心に当番活動を遂行／周りに働きかけながら活動／みんなが楽しめるようにすすんで行動

代表委員として、クラスのリーダーという自覚をもって行動することができました。時と場合に応じた行動や態度、言葉遣いはクラスの良き手本となりました。

縦割り活動では、低学年の世話を積極的に行ったり、交流学級の友達にすすんで声を掛けたり、仲良くなれるよう意欲的に活動する様子が見られました。高学年としての意識の高まりを感じます。

パーティー係として、友達の誕生日に特製クラッカーを鳴らしてお祝いしたり、集会の企画をしたり、みんなが楽しく生活できるように周りに働きかけながら活動しました。

放送委員として毎週の当番活動に責任をもって取り組むことができました。また、6年生と協力して全校が楽しむことのできる企画も立てるなど、熱心に活動しました。

林間学校では、レク係として活動しました。みんながどんな遊びをしたいか、クラウド上でアンケートを作り、全員の声をできるだけ反映できるよう工夫して取り組みました。

林間学校では、レク係となり活動しました。みんなが楽しめるように自分からすすんで動く様子が見られました。キャンプファイヤーの準備や進行では中心となって動き、力を発揮しました。

「家庭学習の意味」の学習を通し、学習に真剣に取り組むことが将来につながることに気付き、少しずつノートを出すようになってきました。継続して取り組めるよう、引き続き励ましていきます。

遊びたい気持ちに負け、係や当番の仕事を忘れ、友達に声を掛けられることがありました。今では、少しずつ自分から取り組む様子が見られ始めたので、意欲が継続するよう見守っていきます。

「特別の教科 道徳」「総合的な学習の時間」の所見で使える文例

●

このPARTでは、「特別の教科 道徳」「総合的な学習の時間」の所見で使える文例を紹介します。

1 「特別の教科 道徳」の文例

特性
キーワード

責任感のある行動／差別や偏見をしない／決まりを守る／命の重さを認識／誠実
な行動／自分と異なる意見や立場の尊重／働くことの意義を理解／自然の偉大さ
と脅威を理解／伝統や文化を尊重／国際貢献を意識／生命のつながりを理解

「今度こそ！」の学習では、「委員会の仕事で任されたことは、しっかり
とやりたい」と発言し、責任感をもって行動することの大切さについて
考えることができました。

「なやみ相談」の学習では、「悪口を言う人に対しては、嫌という思いを
直接伝えた方が仲良くなることができる」と記述し、差別や偏見をもた
れたときの解決策を考えることができました。

「ルールを守る」の学習では、「規則正しく生活すると、自分も周りの人
も気持ち良く過ごせる」と記述し、規則正しく生活をすることの大切さ
について自分の考えをまとめることができました。

「ほのぼのテスト」の学習では、「相手を思いやって行動することは親切
であり、自分も良い気持ちになる」と記述し、思いやりについての考え
を深めることができました。

「図書館はだれのもの」の学習では、「使う権利はみんなにあるが、周り
の人のことを考えなければいけない」と記述し、決まりを守ることの大
切さについて自分の考えをまとめることができました。

「たからもの」の学習では、「自分の長所を見つめて自分のよいところを
伸ばしていきたい」と発言し、自分の長所を知ることについて友達と意
見を交流し、考えを深めることができました。

「参考にするだけなら」の学習では、登場人物の考え方を話し合い、「不
誠実な行動をしたらどうなるか考えた方がよい」と発言し、誠実に行動
することについて考えを深めることができました。

「ある朝のできごと」の学習では、「**早寝・早起き**が大切であることが分かった。自分も早寝、早起きをしたい」と記述し、規則正しく生活をすることの大切さについて考えることができました。

「ロレンゾの友達」の学習では、友達と互いに信じ合うことの素晴らしさについて、意見交流を通して、自分とは違った視点の考え方に気付き、自分の考えを深めることができました。

「ロレンゾの友達」の学習では、「みんな、ロレンゾを助けたいという思いをもっていた」と発表し、友達と互いに信じ合うことについて、自分の考えをまとめることができました。

「命の詩―電池が切れるまで―」の学習では、「命は一つしかないので、大切にしていきたい」と発言し、命の重さや生きることの尊さについて、自分の考えをまとめることができました。

「森の絵」の学習では、「一人一人が責任をもって役割を果たすことが大切」と記述し、集団の中で自分の役割を果たしていくことについて考えを深めることができました。

「知らない間のできごと」の学習では、自分の経験に照らし合わせて、登場人物の思いを話し合い、友達と信頼関係を深めることの大切さについて、自分の考えをまとめることができました。

「長嶋茂雄の人生は七転び八起き」の学習では、初めは難しいと思ったことでも、粘り強く努力をすればできるようになることに気付き、自分のこととして考えることができました。

「花に思いをこめて」の学習では、星野富弘さんの生き方から、「物事をポジティブにとらえ、自分にできることを精一杯やることが大切だ」と記述するなど、自分の考えを深めることができました。

「心をつなぐ**あいさつ**」の学習では、「これからは、目を合わせて、気持ちを込めてあいさつしていきたい」と発言し、時と場面に応じたあいさつについて考えを深めることができました。

「稲むらの火」の学習では、五兵衛の姿について話し合い、家族や仲間とのつながりの中で生きていることを考え、互いの生命を尊重し、かけがえのない生命の大切さを感じ取ることができました。

「銀のしょく台」の学習では、司教について話し合い、相手の立場に立って考え、広い心で自分と異なる意見や立場を尊重することで高みに向かって生きる素晴らしさを感じ取ることができました。

「だれかをきずつける機械ではない」の学習では、ネットいじめの原因である差別をなくすには、正しいことが当たり前のようにできるようになることが大切だと気付くことができました。

「モントゴメリーのバス」の学習では、差別や偏見をなくすには、正しいことがいつでもどこでも誰にでもできるようになることが必要だと気付き、正義の実現について考えを深めていました。

「流行おくれ」では自分の生活を振り返り、改善すべき点を考えました。基本的な生活習慣は、心身の健康を維持増進し、活力のある生活を支えるものだと気付くことができました。

「たからもの」の学習では、日記帳が宝物である意味について話し合い、自分には長所と短所の両面があり、短所を改善しつつ長所を伸ばそうとする態度が大切であることに気付くことができました。

「二億人を救った化学者」の学習では、大村智さんの生き方から物事の本質を見極めようとする知的な活動について考え、真理を求める姿勢の大切さに気付くことができました。

「森の絵」の学習では、学芸会における自分の役割と責任を考え、より良い学級をつくるために、学級を支えているのは自分自身であるという意識が大切だと気付くことができました。

「横浜港のガンマンの思い」の学習では、上圷さんの思いについて学級全体で話し合い、働くことによって自分を成長させたり社会に貢献したりできる勤労の素晴らしさに気付くことができました。

「悲願の金メダル」の学習では、上野由岐子選手の考え方から、周囲の人たちに感謝する心情や態度について考え、温かな人間関係を築いていくことの大切さに気付くことができました。

「ブータンに日本の農業を」の学習では、西岡京治さんの生き方からブータンのために日本の農業を広げていくことの意義を話し合い、互いに理解を深めることの大切さに気付くことができました。

「希―光の中を歩んだきょうだい―」の学習では、個々の生命が互いを尊重し、つながりの中にあることを考え、かけがえのない生命についてさまざまな側面から考えを深めることができました。

「モントゴメリーのバス」の学習では、差別や偏見のない社会の実現のために、誠意ある姿で人と接しようとする生き方について学級全体で話し合い、自分の考えをまとめることができました。

「ブランコ乗りとピエロ」の学習では、ピエロの心の変化について話し合い、広い心で相手を尊重し、分かり合うことで、違いを生かしたより良いものが生まれることに気付くことができました。

「一人はみんなのために…」の学習では、元木由記雄さんのラグビーにかける思いについて話し合い、誇りある生き方や夢や希望などの喜びのある生き方につなぐ大切さに気付くことができました。

「トキのまう空」の学習では、トキを自然に帰すために活動した近辻さんの思いを考えただけでなく、人間の力が及ばない自然の偉大さと脅威についてもしっかりと感じ取ることができました。

「わたしにできることを」の学習では、おじいちゃんに対する敬愛の念を深め、家族の一員としての自覚をもって家庭生活に貢献していくことの大切さについて考えることができました。

「よさこいソーラン祭り」の学習では、祭りができた意味や人々の思いを学級全体で話し合い、自分の地域にある祭りなどの伝統や文化の良さについて自分の考えを深めることができました。

「新幹線開発物語」の学習では、三木さんの新幹線開発に対する思いについて話し合い、目標に向かう強い意志と実行力が大切だということに気付くことができました。

「稲むらの火」の学習では、自然災害から命を守ることの大切について、五兵衛の姿から学級全体で話し合い、かけがえのない命を守ることの素晴らしさを感じ取ることができました。

「自動車への限りない夢」の学習では、豊田喜一郎の生き方から、自動車への思いを考え、高い目標達成を目指して希望と勇気をもち、困難を乗り越えて努力し続けることの大切さに気付きました。

「だれかをきずつける機械ではない」の学習では、いじめのない社会の実現のために誠意をもって人と接しようとする生き方を友達と話し合い、考えを深めることができました。

2 「総合的な学習の時間」の文例

◆ 「知識・技能」に関わる文例

特性キーワード 地域防災の重要性を理解／世界の文化を理解／生活伝統の大切さを理解／障害のある人との交流・対話／米づくりの大切さ・大変さを理解

「地域防災」では、町内会の方との対話を通して、地域には高齢化や地域コミュニティの希薄化などさまざまな課題があることを知り、地域防災の重要性を理解しました。

「地域防災」では、日常の備えや生活の工夫が必要であることを学びました。地域防災のために自分ができることがあることに気付き、自助・公助の意識が高まりました。

「世界の人と仲良くなろう」では、世界各国の文化を知るために、遊びや料理、音楽などを体験し、日本との違いに気付きました。物事を多面的に捉えようとする姿勢が養われました。

「町写真展」では、プロのカメラマンから撮影の方法や心構えを学び、町の魅力が伝わる写真の撮り方について試行錯誤しました。生活の中でも、一つ一つの仕事を丁寧にやり遂げる力が育ちました。

「お茶」の学習では、お茶の歴史や淹れ方、魅力について学びました。お茶には先人の知恵が込められていて、生活との関わりが深いことをお茶の先生との対話を通して理解することができました。

「町音頭」では、町づくりや町の活性化に向けて、自分自身が活動していくことでそれが実現することを理解しました。その後は学級の先頭に立ち、積極的に音頭を踊る姿が見られました。

「米づくり」の学習では、稲作体験を通して、先人の知恵や苦労を知りました。また、生産者との対話から、どんな仕事にも魅力や価値があることを知り、自分の生き方につなげて考えていました。

「メダカ」では、メダカの生態を軸に生き物にとって住みやすい環境を調べました。生き物は周辺の環境と関わって生きていることに気付き、町の環境を守っていこうという課題意識をもちました。

「ニュースポーツ」では、地域の多様な人との関わりを大切にしました。障害のある人たちとの交流会では、雰囲気づくりやルールの工夫など、自分にできることを見つけて積極的に行動しました。

「世界の人と仲良くなろう」では当初、外国料理を試食する場面で否定的な言動がありましたが、外国にも大切にしている文化があることを知り、多様性を受け入れる力が養われました。

「お茶」では当初、あまり興味をもてずにいましたが、お茶には先人の知恵が込められていることや生活との関わりが深いこと知り、自分の生活の中にお茶を取り入れてみようと意欲をもちました。

「米づくり」では、実際に体験することで、稲作が思っていたより何倍も大変な作業だと知りました。農家に対する見方が変わり、どんな仕事にも魅力や価値があることを学びました。

「ニュースポーツ」の学習では当初、障害者との交流会では行動できずにいました。しかし、交流会を重ねるにつれ、自分にできることを見つけて、手伝いや声掛けをする場面が増えました。

◆「思考・判断・表現」に関わる文例

学習発表会で地域の人たちに発信／調べた情報をもとにマップを作成／見通しをもって活動／相手に伝わるよう発表を工夫／さまざまな視点から思考

「世界の人と仲良くなろう」では、書籍やインターネットを利用し、自分の住む町について詳しく調べました。日本の良さや日本らしさを伝えられる場所があることに気付きました。

「地域防災」では、地域防災における問題点やこれから取り組むべきことなどを動画やイラストでまとめ、**学習発表会で地域の人たち**に分かりやすく発信することができました。

「町音頭」の学習では、どんなオリジナルの音頭をつくればよいか、アンケート調査を実施しました。その後、タブレット端末を活用してグラフや表で表現し、提案をする力が育ちました。

「学校植物マップ」では、学年によって興味の持ち方が違うことに気付き、調べた情報を取捨選択して、学年別のマップを作成しました。常に相手意識を持って活動する態度が育ちました。

「町写真展」の学習では、町の魅力が伝わる写真展を開くために、自分たちのすべきことを明確にして活動を進めました。課題解決に向けて見通しをもち、計画的に運営する力が養われました。

「お茶」では、お茶の魅力を広めるために、お茶の作法や淹れ方を身に付け、地域の方に振る舞う計画を立てました。見通しをもって課題解決に取り組む力が養われました。

「学校の自然」では、ビオトープを守り、生き物を増やすという課題の実現に向けて、パワーポイントに写真と説明を添えて発表しました。適切な方法で相手に伝える力が付きました。

「米づくり」では、農薬の長所と短所を調べたり、生産者の苦労を聞いたりして、農薬使用について学級で討論しました。一つのことに対して、さまざまな視点から考える態度が養われました。

「町音頭」の学習では、音頭を町の人に広めるために、アンケート調査を実施しました。タブレット端末での集計方法を友達に教えてもらいながら、必要な情報を得て、まとめることができました。

「地域防災」の学習では、町内会の方との対話や資料をもとに、地域防災を高めるために必要なことを友達と相談しました。タブレット端末を活用して、写真と簡単な言葉でまとめました。

「ニュースポーツ」では当初、自分が楽しみたいとの思いが先走っていました。しかし、交流会を通して、立場の違う人と楽しむには、相手のことを考える必要があることに気付きました。

◆「主体的に学習に取り組む態度」に関わる文例

特性キーワード 人との関わりの大切さを理解／課題解決に向けて自ら追究／仲間と力を合わせて課題解決／目標の実現に向けて自ら活動／何事にも丁寧に取り組む

「世界の人と仲良くなろう」の学習では、言葉が通じなくても外国の人と楽しく交流しました。人との関わりの大切さに気付き、自分なりの方法と工夫を見つけて活動する姿が見られました。

「世界の人と仲良くなろう」では、それぞれの国の特徴や魅力に気付くために、すすんで留学生にインタビューをしました。課題解決に向けて、自ら追究していく力が育ちました。

「地域植物マップ」では、1年間の観察を通して少しずつ地域の植物が減っていることに気付きました。自分たちの生活を優先してばかりではなく、身近な自然環境を守るべきだと考えました。

「地域防災」の学習では、地域の防災力を高めたいとの思いをもちました。友達との話し合いから、自分に必要な知識や情報、意見を取り入れながら課題解決に向かうことができました。

「町音頭」では、音頭で町の人と仲良くするために、オリジナルの音頭を作成しました。町の人を集めて音頭発表会を何度も開き、目標の実現に向けて自ら活動していく力が育ちました。

「お茶」では、お茶の先生との交流から、地域にお茶の魅力を伝えたいとの目標を立て、学級でお茶会を開きました。思いを大切にして、それを実現しようとする行動力が養われました。

「米づくり」では、農家の方々との交流から、生産者の仕事に対する思いや苦労、生きがいを知りました。今までの生活を振り返り、自分の生き方について真剣に考える態度が養われました。

「メダカ」では、町の環境を守るために、町内会や区役所の方々との対話にすすんで取り組みました。環境保全のためのアイデアを出したり、友達と協働的に問題解決に取り組んだりしました。

「町写真展」では、プロのカメラマンから撮影の技術を学び、1枚の写真を撮影することに対する喜びや苦労に気付きました。一つ一つのことを丁寧に取り組もうとする意識が高まりました。

「世界の人と仲良くなろう」では当初、外国の人と接することに壁がありましたが、友達と一緒にゲームに参加し、表情や仕草で反応を示しました。多様な人と関わることの楽しさに気付きました。

「地域防災」では、地域の防災力を高めるために必要なことを学級で話し合いました。災害に備える必要性を伝える活動を通して、地域の一員としての自覚が芽生えてきました。

「地域防災」では、地域の防災力について話し合いました。災害に備える必要性を伝える活動を通して、地域の一員としての自覚が芽生え、自分自身も避難訓練に参加しようと意欲を高めました。

索　引

児童の「活動内容」「活動場面」「学習内容」から検索いただけます。

執筆者一覧

●編著

小川　拓
（共栄大学准教授／元埼玉県小学校教諭）

1970年、東京都生まれ。私立、埼玉県公立学校教諭・主幹教諭を経て、2015年度より共栄大学教育学部准教授。2007年度から埼玉県内の若手教職員を集めた教育職人技伝道塾「ぷらすわん塾」、2015年より「OGA研修会」（教師即戦力養成講座）等にて、若手指導に当たっている。主な図書に『効果2倍の学級づくり』『できてるつもりの学級経営9つの改善ポイント─ビフォー・アフター方式でよくわかる』『子どもが伸びるポジティブ通知表所見文例集』（いずれも学事出版）他がある。

●文例執筆者（50音順）

井上　　勉（神奈川県横浜市立東台小学校）

井上　博子（埼玉県入間市立狭山小学校教頭）

岩川みやび（共栄大学教育学部准教授）

大澤　　龍（埼玉県和光市立第五小学校）

小畑　康彦（埼玉県さいたま市立大成小学校教頭）

髙橋　健太（在ロシア日本大使館附属モスクワ日本人学校）

髙橋　美穂（埼玉県上尾市立大谷小学校）

竹井　秀文（愛知県名古屋市立楠小学校）

千守　泰貴（静岡県東伊豆町立稲取小学校）

中山　英昭（埼玉県上尾市立東小学校主幹教諭）

原口　一明（元埼玉県公立小学校校長）

船見　祐幾（埼玉県さいたま市立栄小学校）

細野亜希子（埼玉県上尾市立西小学校）

溝口　静江（元神奈川県公立小学校主幹教諭）

※所属は2023年1月現在のものです。

●企画・編集

佐藤　明彦（株式会社コンテクスト代表取締役、教育ジャーナリスト）

新版 子どもが伸びるポジティブ通知表所見文例集
小学校 5 年

2023年4月1日　新版第1刷発行

編 者　　小川　拓
　　　　　おがわ　ひろし

発行人　　安部　英行
発行所　　学事出版株式会社
　　　　　〒101-0051　東京都千代田区神田神保町1 -2 -5
　　　　　電話　03-3518-9655
　　　　　HP アドレス https://www.gakuji.co.jp

制作協力　株式会社コンテクスト
印刷・製本　精文堂印刷株式会社

落丁・乱丁本はお取り替えします。
ISBN978-4-7619-2903-9 C3037 Printed in Japan